Umschlagmotiv: Khazne Faraun

Herausgeber: Polyglott-Redaktion
Autor: Walter M. Weiss
Lektorat: Beatrix Müller
Art Direction: Illustration & Graphik Forster GmbH, Hamburg
Karten und Pläne: Gundula Hövelmann
Titeldesign-Konzept: V. Barl
Realisation: Studio Wolf Brannasky

Der Autor dankt Frau Laila Atrache für die bereitwillig gewährte Unterstützung seiner Arbeit an diesem Band.

Ergänzende Anregungen, für die wir jederzeit dankbar sind,
bitten wir zu richten an:
Polyglott-Verlag, Redaktion, Postfach 40 11 20, D-80711 München.

Alle Angaben wurden sorgfältig geprüft. Dennoch kann eine Gewähr für Vollständigkeit und Richtigkeit nicht übernommen werden.

Zeichenerklärung

- Information
- Öffnungszeiten
- Telefonnummer
- Faxnummer
- Flugverbindungen
- Busverbindungen
- Schiffsverbindungen
- Campingplatz
- Hotel (pro Person im DZ, nur Übernachtung)
  - ab 30 JD aufwärts
  - 10–30 JD
  - unter 10 JD
- Restaurant (3gängiges Menü mit Getränken)
  - über 10 JD
  - 4–10 JD
  - unter 4 JD

Routenpläne

- Route mit Routenziffer
- Autobahn, Schnellstraße
- sonstige Straßen, Wege
- Staatsgrenze, Landesgrenze
- National-, Naturparksgrenze

Stadtpläne

- Durchgangsstraße
- sonstige Straßen
- Fußgängerzone
- Fußweg

Erste Auflage 1996

Redaktionsschluß: November 1995

Printed in Germany
Gedruckt auf chlorfrei gebleichtem Papier
ISBN 3-493-62898-6

Notfälle

Ich brauche einen Arzt / Zahnarzt.	I need a doctor / a dentist. [ai **nihd**‿ə **dock**ter/ ə **dänn**tist]
Rufen Sie bitte einen Krankenwagen / die Polizei.	Please call an ambulance / the police. [**plihs** kohl ən‿**ämm**bjuləns / ðə pə**lihs**]
Wir hatten einen Unfall.	We've had an accident. [wihw **häd** ən‿**äck**ßidənt]
Wo ist das nächste Polizeirevier?	Where is the nearest police station? [**wäər**‿is ðə **niə**rəst pə**lihs** stehschn]
Ich bin bestohlen worden.	I have been robbed. [ai həw bihn **robbd**]
Mein Auto ist aufgebrochen worden.	My car has been broken into. [mai **kah** həs bihn **broh**kən **inn**tu]

Essen und Trinken

Die Speisekarte, bitte.	The menu please. [ðə **männ**ju plihs]
Brot	bread [bräd]
Kaffee	coffee [**koff**i]
Tee	tea [tih]
mit Milch / Zucker	with milk / sugar [wið‿**milk** / **schugg**er]
Orangensaft	orange juice [**orr**ənd~~sch~~‿d~~sch~~uhs]
Mehr Kaffee, bitte.	Some more coffee please. [ßəm‿moh **koff**i plihs]
Suppe	soup [ßuhp]
Fisch / Meeresfrüchte	fish / seafood [fisch / **ßih**fud]
Fleisch / Geflügel	meat / poultry [miht / **pohl**tri]
Beilage	sidedish [**ßaid**disch]
vegetarische Gerichte	vegetarian food [wäd~~sch~~ə**tä**riən fud]
Eier	eggs [ägs]
Salat	salad [**ßä**ləd]
Dessert	dessert [di**söht**]
Obst	fruit [fruht]
Eis	ice cream [aiß **krihm**]
Wein	wine [wain]
weiß/rot/rosé	white / red / rosé [wait / räd / **roh**seh]
Bier	beer [**bi**ə]
Aperitif	aperitif [ə**pärr**ətihf]
Wasser	water [**woh**ter]
Mineralwasser	mineral water [**minn**rəl wohter]
mit / ohne Kohlensäure	sparkling / still [**spahk**ling / still]
Limonade	lemonade [lämmə**nehd**]
Frühstück	breakfast [**bräck**fəst]
Mittagessen	lunch [lanntsch]
Abendessen	dinner [**dinn**er]
ein Imbiß	a snack [ə‿**ßnäck**]
Ich möchte bezahlen.	I would like to pay. [ai‿wud **laik**‿tə **peh**]
Es war sehr gut/nicht so gut.	It was very good / not so good. [it‿wəs **wärr**i **gud** / **nott**‿ßoh **gud**]

Im Hotel

Ich suche ein gutes / nicht zu teures Hotel.	I am looking for a good / not too expensive hotel. [aim **luck**ing fər‿ə **gud** / **nott** tu ick**spänn**ßiw hoh**täll**]
Ich habe ein Zimmer reserviert.	I have booked a room. [ai həw **buckt** ə **ruhm**]
Ich suche ein Zimmer für ... Personen.	I am looking for a room for ... persons. [aim **luck**ing fər‿ə **ruhm** fə ... **pöh**ßns]
Mit Dusche und Toilette.	With shower and toilet. [wið **schau**ər‿ənd **toi**lət]
Mit Balkon / Blick aufs Meer.	With a balcony / overlooking the sea. [wið‿ə **bäl**kəni / **oh**werlucking ðə **ßih**]
Wieviel kostet das Zimmer pro Nacht?	How much is the room per night? [**hau**‿matsch is ðə ruhm pə‿**nait**]
Mit Frühstück?	Including breakfast? [in**kluh**ding **bräck**fəst]
Kann ich das Zimmer sehen?	Can I see the room? [kən‿ai **ßih** ðə ruhm]
Haben Sie ein anderes Zimmer?	Do you have another room? [du‿ju **häw** ə**nað**er ruhm]
Das Zimmer gefällt mir (nicht).	I like the room. / I don't like the room. [ai **laick** ðə ruhm / ai **dohnt laick** ðə ruhm]
Kann ich mit Kreditkarte bezahlen?	Do you accept credit cards? [du‿ju əck**ßäppt kräd**it‿kahds]
Wo kann ich parken?	Where can I park the car? [**wäə** kən‿ai **pahk** ðə **kah**]
Können Sie das Gepäck in mein Zimmer bringen?	Could you bring the luggage to my room? [kud‿ju **bring** ðə **lagg**idsch tə‿mai **ruhm**]
Haben Sie einen Platz für ein Zelt / einen Wohnwagen / ein Wohnmobil?	Is there room for a tent / a caravan / a camper? [is‿ðə **ruhm** fər‿ə **tänt** / ə **kä**rəwən / ə **kämp**er]
Wir brauchen Strom / Wasser.	We need electricity / water. [wi **nihd** iläck**triß**əti / **woh**ter]

Langenscheidt Mini-Dolmetscher

Allgemeines

Guten Morgen	Good morning [gud **moh**ning]
Guten Tag (nachmittags)	Good afternoon [gud after**nuhn**]
Hallo!	Hello! [häl**loh**]
Wie geht's?	How are you? [hau**ah**‿ju]
Danke, gut.	Fine, thank you. [**fain, θänk**‿ju]
Ich heiße ...	My name is ... [mai **nehm**‿is]
Auf Wiedersehen.	Goodbye. [gud**bai**]
Morgen	morning [**moh**ning]
Nachmittag	afternoon [after**nuhn**]
Abend	evening [**ihw**ning]
Nacht	night [nait]
morgen	tomorrow [tu**morr**oh]
heute	today [tu**deh**]
gestern	yesterday [**jes**terdeh]
Sprechen Sie Deutsch?	Do you speak German? [du‿ju spihk **dsehöh**mən]
Wie bitte?	Pardon? [**pah**dn]
Ich verstehe nicht.	I don't understand. [ai **dohnt** ander**ständ**]
Würden Sie das bitte wiederholen?	Would you repeat that please? [wud‿ju ri**piht** ðät, **plihs**]
bitte	please [**plihs**]
danke	thank you [**θänk**‿ju]
Keine Ursache.	You're welcome. [joh **wäll**kamm]
was / wer / welcher	what / who / which [wott / huh / witsch]
wo / wohin	where [wäə]
wie / wieviel	how / how much [hau / hau **matsch**]
wann / wie lange	when / how long [wänn / hau **long**]
Warum?	why [wai]
Wie heißt das?	What is this called? [**wott**‿**is** ðiß **kohld**]
Wo ist ...?	Where is ...? [**wäər**‿is ...]
Können Sie mir helfen?	Can you help me? [kän‿ju **hälp**‿mi]
ja	yes [jäß]
nein	no [noh]
Entschuldigen Sie.	Excuse me. [iks**kjuhs** mi]

Sightseeing

Gibt es hier eine Touristen-information?	Is there a tourist information? [is‿ðər‿ə **tuə**rist infəmehschn]
Haben Sie einen Stadtplan / ein Hotelverzeichnis?	Do you have a city map / a hotel guide? [du‿ju häw‿ə **ßi**ti mäpp / hoh**täll** gaid]
Welche Sehenswürdigkeiten gibt es hier?	What are the local sights? [**wott**‿ə ðə **loh**kl **ßaits**]
Wann ist ... geöffnet?	When are the opening hours of ...? [**wänn**‿ah ði **ohp**ning auers əw ...]
das Museum	the museum [ðə mju**sih**əm]
die Kirche	the church [ðə **tschöh**tsch]
die Ausstellung	the exhibition [ði egsi**bischn**]
Wegen Restaurierung geschlossen.	Closed for restoration. [**klohsd** fə rästə**rehschn**]

Shopping

Wo gibt es ...?	Where can I find ...? [**wäə** kən‿ai **faind** ...]
Wieviel kostet das?	How much is this? [**hau**‿matsch **is**‿ðiß]
Das ist zu teuer.	This is too expensive. [ðiß‿is **tuh** iks**pänn**ßiw]
Das gefällt mir (nicht).	I like it. / I don't like it. [ai **laik**‿it / ai **dohnt laik**‿it]
Gibt es das in einer anderen Farbe / Größe?	Do you have this in a different colour / size? [du‿ju **häw**‿ðiß in‿ə **diffr**ənt **kaller**/**ßais**]
Ich nehme es.	I'll take it. [ail **tehk**‿it]
Wo ist eine Bank?	Where is a bank? [**wäər**‿is ə‿**bänk**]
Ich suche einen Geldautomaten.	I am looking for a cash dispenser. [aim **luck**ing fər‿ə **käsch** dispännser]
Geben sie mir 100 g Käse / zwei Kilo Pfirsiche.	Could I have a hundred grams of cheese / two kilograms of peaches. [kud‿ai häw‿ə **hann**drəd grämms‿əw **tschihs** / **tuh kill**əgrämms‿əw **pih**tschis]
Haben Sie deutsche Zeitungen?	Do you have German newspapers? [du‿ju häw **dsehöh**mən **njuhs**pehpers]
Wo kann ich telefonieren / eine Telefonkarte kaufen?	Where can I make a phone call / buy a phone card? [**wäə** kən‿ai mehk‿ə **fohn**‿kohl / bai‿ə **fohn**‿kahd]

Polyglott-Reiseführer

Jordanien

Walter M. Weiss

Polyglott-Verlag München

Allgemeines

Städtebeschreibungen

Routen

Routen

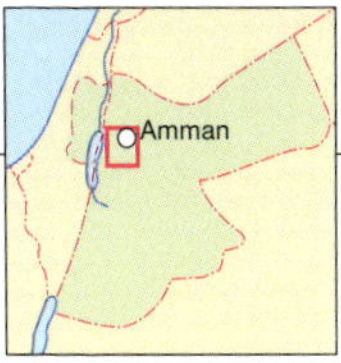

Route 3

Auf den Spuren der Bibel S. 64

Frühchristliche Ruinen, weltberühmte Mosaiken, eine spektakuläre Wüstenlandschaft und heiße Thermalquellen erwarten den Reisenden auf dieser Tour.

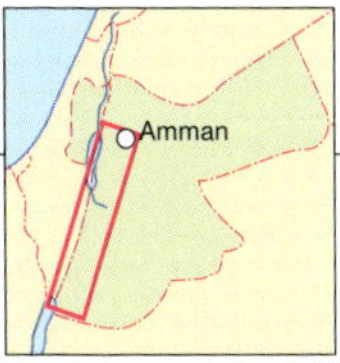

Route 4

Auf der Straße der Könige S. 70

... bestaunt man Kreuzfahrerburgen, nabatäische sowie römische Siedlungen und kommt in eines der schönsten Tauchgebiete der Welt mit herrlichen Korallenriffen.

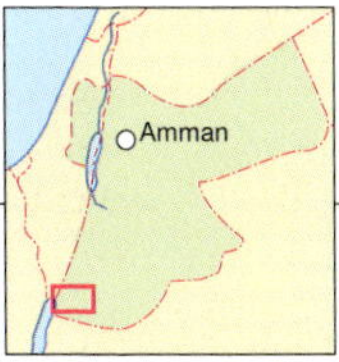

Route 5

In die Zauberlandschaft des Lawrence von Arabien S. 79

Unterwegs in einer der faszinierendsten Wüstenlandschaften, begegnet man Beduinenpolizisten ebenso wie einer Vielzahl von Tieren.

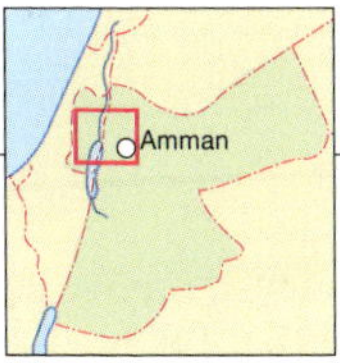

Route 6

Die Westbank S. 83

Die heiligen Stätten von Bethlehem, Hebron und Jericho – und als krönender Abschluß – Jerusalem, „Ort des Friedens", vielgepriesen und heiß umkämpft.

Bildnachweis

Alle Fotos edition Vasco/Wolfgang Seitz außer Apa Publications/Gary-John Norman: 83/3, 87/1+3, 89/1+3, 91/1–2. Archiv für Kunst und Geschichte, Berlin: 15/1. Achim Gaasterland: 1, 6, 9, 11, 17/1, 19, 21/4, 25/2+4, 27, 29, 33/1, 37/1, 41/3, 45/2, 47/2, 53/3, 57, 61/2–4, 65, 67/3, 69/3, 71/2, 79/3, 83/1. Bernd Helms: 35, 41/2. Gerold Jung: 23/2–3, 47/1. Sabine von Loeffelholz: 31, 33/2, 37/2, 41/1, 45/1, 67/1, 71/1, 75. Ullstein Bilderdienst/Lothar Kucharz: 15/2. Sabine von Loeffelholz: Umschlag (Bild). Eric Bach Superbild/Bernd Ducke: Umschlag (Flagge).

Fremde Kulturen kennenlernen und gastfreundlichen Menschen begegnen – wie sehr genießen wir das auf Reisen. Zu Hause bei uns jedoch wird mancher Ausländer von einer kleinen Minderheit beschimpft, bedroht und sogar mißhandelt. Alle, die in fremden Ländern Gastrecht genossen haben, tragen hier besondere Verantwortung. Deshalb: Lassen Sie es nicht zu, daß Ausländer diffamiert und angegriffen werden. Lassen Sie uns gemeinsam für die Würde des Menschen einstehen.

Verlagsleitung und Mitarbeiter des Polyglott-Verlages

Editorial

Schäfer und ihre Herden gehören zum Alltagsleben

Wildromantische Gebirgstäler, sanfte, üppig grüne Hügel, die bizarre Salzszenerie des Toten und das glasklare Wasser des Roten Meeres mit seinen faszinierenden Korallenriffen und einer Fauna, die das Herz eines jeden Tauchers höher schlagen läßt ... Jordanien beschämt jeden Fremden, der in diesem Land aus der Ferne nur eine unscheinbare Wüstenei sah, schon beim ersten Blick vor Ort mit einer nicht erwarteten faszinierenden landschaftlichen Vielfalt.

Spektakulär: die Wüstenberge um Ras an-Naqab

Nicht minder reizvoll und oft ebenso ungeahnt ist die kulturelle Vielfalt, mit der dieses kleine Königreich seinen Gästen aufwartet: Die jordanische Erde bildet seit über neun Jahrtausenden eine Art von magischem Nährboden, auf dem so viele Zivilisationen blühten und gediehen. Und was sie der Nachwelt hinterlassen haben, – seien es Wüstenschlösser, grandiose Tempelanlagen oder gar eine ganze Felsenstadt wie Petra – gehört ohne Zweifel zu den größten Kunstdenkmälern der Menschheit.

Was jeden Neuankömmling zusätzlich positiv überrascht, ist die unkomplizierte Art, auf die sich hier – und das nicht erst seit dem Beginn des nahöstlichen Friedensprozesses – reisen läßt.

Der Mietwagen rollt über breite, tadellose Asphaltstraßen. Die Hotels sind, zumindest ab der Mittelklasse und in den touristischen Zentren, sauber und komfortabel. Und die Menschen begegnen Fremden extrem gastfreundlich.

Mit einem Wort: dieses Land bietet den schönsten Beweis dafür, daß der Wunsch, jemanden in die Wüste zu schicken oder über den Jordan gehen zu lassen, auch wohlgemeint sein kann.

Der Autor

Walter M. Weiss
1961 geboren, studierte Publizistik und Politikwissenschaft und arbeitet seit vielen Jahren in seiner Heimatstadt Wien als Chefredakteur diverser Zeitungen, Kultur- und Reisemagazine. Parallel dazu publizistische Tätigkeit für zahlreiche namhafte Buchverlage und Zeitschriften mit den Themenschwerpunkten „Islamische Länder" sowie österreichische (Kunst-) Geschichte und Gegenwart.

Jordanien – eine orientalische Schatztruhe

Lage und Landschaft

Seine geschichtliche und kulturelle Bedeutung verdankt Jordanien zu einem Gutteil seiner Lage am Schnittpunkt zweier Großräume – dem relativ mediterranen, hügeligen im Westen und dem im Zentrum gebirgigen Wüstenraum, der gegen Osten hin in eine teils vulkanische, teils granitene Ebene übergeht. Auch kulturell ist das Land seit alters durch eine Zweiteilung geprägt: Während die westlichen, fruchtbaren Gebiete mehrheitlich von Bauern bewohnt sind, waren die Weiten des Ostens bis vor kurzem traditionell Beduinenland.

Die Trennlinie zwischen beiden Sphären und zugleich die markanteste topographische Ausformung bildet das Jordantal. Es ist Teil jener großen tektonischen Bruchlinie, die sich von der libanesischen Beqaa-Ebene bis nach Ostafrika erstreckt. In seinem zentralen Bereich auf jordanischem Gebiet liegt – 392 m unter Meeresniveau und damit so tief wie kein anderer trockener Punkt auf der Erdoberfläche – das Tote Meer. Südlich dieses extrem salzigen Binnenmeeres (Salzgehalt: über 30 %) setzt sich der Jordangraben im *Wadi Araba,* einem Trockental, fort, das, eingebettet zwischen dem Hochplateau der Wüste Negev (im Westen) und dem Bergland von Moab (im Osten), zunächst steil ansteigt, um dann weit sachter zum Golf von Aqaba abzufallen. 20 km südlich von Petra ragt der 1727 m hohe Berg *Dschebel Mubrak* auf.

Die Nord-Süd-Ausdehnung Jordaniens beträgt rund 380 km, die von Ost nach West rund 400 km. Nachbarn sind im Norden Syrien, im Nordosten der Irak, im Osten und Süden das Königreich Saudi-Arabien, im Westen Israel beziehungsweise das nunmehr teilautonome Westjordanland.

Klima und Reisezeit

Auch in klimatischer Hinsicht liegt Jordanien in einem Übergangsraum. Während im Westen noch die Ausläufer mittelmeerischer Witterung spürbar sind, herrscht weiter östlich in der Wüste klassisches Kontinentalklima. Dementsprechend kommen die meerseitigen Hänge des Westjordanlands, aber auch die Westhänge des ostjordanischen Berglands durchaus in den Genuß von ausreichendem Niederschlag, der im Winter gelegentlich auch in Form von Schnee fällt. Hier kann Regenfeldbau betrieben werden.

Im Gegensatz dazu ist im mittleren und südlichen Jordangraben sowie auf den Wüstenplateaus im Osten Landwirtschaft nur mittels künstlicher Bewässerung möglich.

Die Sommer sind in Jordanien mit graduellen Unterschieden je nach Höhenlage (zwischen dem 30. und 32. Breitengrad) entsprechend heiß. Die Winter können etwa in Jerusalem und Amman sehr feucht, kalt und windig sein. In Aqaba hingegen kann man auch dann an windgeschützten Sonnenplätzen im wohltemperierten Meer baden. Als beste Reisezeit empfehlen sich aber das Frühjahr – Ende März bis Anfang Juni – und der Herbst – Ende September bis Anfang November.

Natur und Umwelt

Die mit Regen ausreichend versorgten Gebiete des Landes waren noch bis vor zwei, drei Generationen mit teils dichten Wäldern bedeckt. Doch rigorose Abholzung und Überweidung haben den Baumbestand drastisch reduziert. Heute findet man zu beiden Seiten des Jordan nur mehr geringe Bestände an

Steineichen, Eukalyptus-, Akazien-, Maulbeer- sowie Olivenbäumen. Respektable Erfolge bringen neuerdings verschiedene Aufforstungsprogramme, vor allem mit Aleppokiefern. Die Wüsten und Steppen des Ostens weisen naturgemäß nur spärliche Vegetation auf. Hier trifft man bloß auf karge Dornsträucher und wermutähnliche Gewächse. Nach den Frühjahrsregen gedeiht dort jedoch für kurze Zeit eine faszinierend bunte Pflanzenwelt.

Die Fauna Jordaniens ist ziemlich arm. In der Wüste begegnet man Kamelen und mit etwas Glück Wüstenfüchsen und Schakalen, einem Chamäleon oder einem Geier sowie – ein etwas zweifelhaftes Glück – Skorpionen. Die einst weit verbreiteten Gazellen und Antilopen, darunter die langhörnige Oryx, sind so gut wie ausgerottet und nur noch im Reservat von Shaumari (s. S. 60) zu bewundern.

Allgegenwärtig sind hingegen im ganzen Land Ziegen- und Schafherden. Entlang des Jordan und Jarmuk ist eine reiche Vogelwelt, u. a. Reiher und

Steckbrief

Fläche: 89 206 km² (mit Westbank: 97 740 km²).

Einwohner: 2,76 Mio. (mit Westbank: 3,88 Mio.).

Hauptstadt: Amman, über 1,5 Mio. Einw.

Bevölkerungsdichte: 38,8 Einw./km².

Bevölkerungswachstum: 3,5 % pro Jahr.

Stadtbevölkerung: 70 %.

Zusammensetzung der Bevölkerung: 95 % Araber, etwa 35 000 Tscherkessen, 6000 Armenier und 3500 Kurden. 930 000 Personen sind als palästinensische Flüchtlinge registriert.

Staatsform: Konstitutionelle Erbmonarchie.

Staatsoberhaupt: König Hussein ibn Talal (seit 1952).

Erste echte Mehrparteienwahl: 1993.

Wirtschaft: Bruttoinlandsprodukt pro Einwohner 1992: 1080 DM. Arbeitslosenrate: 30 %.

Wichtigste Importgüter: Mineralische Brennstoffe, Nahrungsmittel, Maschinen, Maschinenteile, Kunststoffe in Primärform.

Wichtigste Exportgüter: Phosphate, Pottasche, Zement, Kunstdünger, Agrarprodukte.

Nilgänse, heimisch. Als Rastplatz für diverse Zugvögel sind die Feuchtgebiete der Oase Azraq von besonderer Bedeutung.

Bevölkerung und Soziales

Die Bevölkerung Jordaniens wurde 1990 von den Vereinten Nationen auf rund 4 Mio. geschätzt. Etwa ein Fünftel davon lebt auf der Westbank. 1,3 Mio. sind seit den Kriegen von 1948, 1967 und dem Libanonkrieg bei der UNRWA als Flüchtlinge deklariert. Nach offiziellen Angaben beträgt der Anteil an Palästinensern weniger als 50 %, inoffiziell liegt er jedoch bei über 60 %. Ihnen erkennt Jordanien als einziges arabisches Land die vollen Staatsbürgerrechte zu. Aufgrund der gemeinsamen Religion, des Islam, und der Sprache (die Bevölkerung ist zu weit über 90 % arabisch) bestehen zwischen palästinensischen Zuwanderern und bodenständigen Jordaniern kaum Unterschiede, während politischer Krisen werden freilich latente Differenzen sichtbar. Größte ethnische Minderheit sind die Ende des 19. Jhs. aus dem Kaukasus immigrierten rund 35 000 Tscherkessen. Daneben existieren kleinere Gruppen von Armeniern, Kurden und Türken. Seit einiger Zeit wächst die Zahl der Gastarbeiter aus Ägypten, Südostasien und vom Subkontinent.

Ursprünglich überwiegend beduinisch, ist die jordanische Gesellschaft auf dem besten Weg zur Urbanisierung. Ein Bevölkerungswachstum von 3,5 % und der akute Mangel an Arbeitsplätzen auf dem Land führten seit den siebziger Jahren zu beschleunigter Landflucht.

Heute leben bereits über 60 % der Jordanier in Städten, davon allein weit über 1,5 Mio. im Großraum von Amman. Die verbliebenen etwa 5 % Beduinen – von denen allerdings nur noch einige tausend als wirkliche Nomaden zu bezeichnen sind – genießen bis heute einen überproportional großen gesellschaftlichen Einfluß. Sie gelten als bedeutende Stützen des Königs und der Monarchie und sind da-

Verhaltenstips für Orientreisende

Jeder, der durch Jordanien reist, sollte sich zunächst bewußt machen, daß er durch ein Land fährt, dessen öffentliches Leben durch die islamischen Sitten und Traditionen geprägt ist. Eine gewisse Kleiderordnung ist daher, will man die Bevölkerung nicht vor den Kopf stoßen, unerläßlich. So sollte man z. B. nicht in Shorts gehen. Für Frauen empfiehlt es sich, weder zu kurze Röcke noch zu tief ausgeschnittene Oberteile zu tragen.

Respekt und Höflichkeit gegenüber dem Gastland sollten auch Paare zeigen. Es ist deshalb tunlichst zu vermeiden, in der Öffentlichkeit Zärtlichkeiten auszutauschen oder eng umschlungen durch die Straßen zu gehen.

Aufgrund der extremen Gastfreundschaft der Bevölkerung kommt es oft vor, daß man zu einem Tee oder Kaffee eingeladen wird. Es empfiehlt sich, nicht bedenkenlos sofort, sondern erst nach wiederholtem Drängen anzunehmen. Höflichkeitsfloskeln gehören hier zum Alltag, und nicht jede Einladung ist tatsächlich als solche gemeint!

Leistet man einer Einladung zum Essen Folge, sollte man viel Zeit mitbringen. Sich sofort nach dem letzten Bissen zu verabschieden, ist unhöflich; vielmehr wird erwartet, daß man sich in Konversation übt. Auch sollte man nicht vergessen, das Essen zu loben und ein kleines Gastgeschenk, etwa Süßigkeiten, mitzubringen.

Fotografieren gehört für viele zu einem gelungenen Urlaub. In Jordanien ist dabei Vorsicht geboten. Auf keinen Fall dürfen verschleierte Frauen abgelichtet werden, und auch unverschleierte Frauen sowie

her besonders in den höheren Offizierschargen vertreten.

Religion

93 % der Bevölkerung sind sunnitische Muslime. Kleine Minderheiten bilden die Schiiten und, nahe der Grenze zu Syrien, die Drusen, deren Vorfahren sich im 11. Jh. unter der Leitung Ismail al-Darazis vom Islam abspalteten und eine eigene Glaubensrichtung begründeten.

Die 5–7 % Christen, meist griechisch-orthodoxe, leben vorwiegend in der Gegend von Madaba, Salt, Ajlun und Kerak.

Der Islam – zu deutsch: „Ergebung in Gottes Willen“ – wurde zwischen 610 und 632 von Mohammed in Mekka und Medina gestiftet und ist damit die jüngste der monotheistischen Weltreligionen. Ihm gehören zwischen dem Maghreb und den Philippinen, Zentralasien, Südindien und Mittelafrika mittlerweile über 1 Mrd. Menschen an. Der

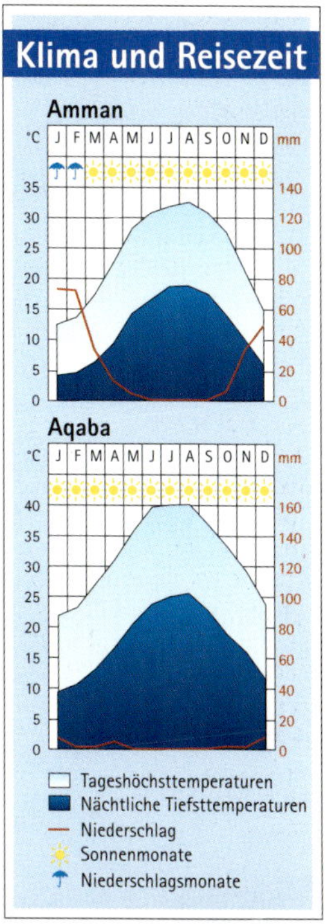

Männer müssen vorher unbedingt gefragt werden. Soll eine Frau fotografiert werden, bittet am besten auch eine Frau um Erlaubnis.

In Moscheen ist unbedingt zurückhaltendes Benehmen angesagt. Dazu zählt, betende Muslime nicht zu stören oder zu fotografieren und darauf zu achten, nicht vor ihnen zu gehen, da das Gebet dann seine Wirksamkeit verliert und wiederholt werden muß.

Häuser oder Zelte unaufgefordert zu betreten, verletzt jegliche Anstandsregel. Auch wenn man aufgefordert wird einzutreten, ist zurückhaltendes Auftreten angebracht. Auch wenn ein Zelt für Europäer etwas Exotisches an sich hat, darf dabei nicht vergessen werden, daß darin Menschen leben, deren Privatsphäre zu achten ist.

Islam betrachtet sich als Überhöhung des Judentums und des Christentums. Er gründet sich auf die Lehren des Koran, das Vorbild (arab.: *Sunna*) des Propheten und die heilige Überlieferung (arab.: *Hadith*). Dazu kommen Entscheidungen der obersten Theologen, die in das religiöse Recht, die *Scharia*, Eingang gefunden haben.

Seinen Gläubigen schreibt der Islam das Bekenntnis zur Einheit Gottes *(Allah)* und das täglich fünfmalige Gebet vor. Außerdem sind sie angehalten, Almosen für die Armen zu geben, während des Fastenmonats Ramadan tagsüber weder zu trinken noch zu essen und nach Möglichkeit wenigstens einmal im Leben die Wallfahrt *(Hadsch)* zur Kaaba nach Mekka zu unternehmen. Der Islam kennt weder Priesterweihe noch Sakramente. Er verbietet u. a. den Genuß von Alkohol und Schweinefleisch.

Wirtschaft

Obwohl von Jordaniens Gesamtfläche nur 4 % (ca. 4200 km²) landwirtschaftlich nutzbar und 8 % der Bevölkerung in der Landwirtschaft tätig sind, bildet der Obst- und Gemüseanbau immer noch das ökonomische Rückgrat des Landes. Denn an Ressourcen stehen lediglich Phosphate aus der Wüste und Kali aus dem Toten Meer zur Verfügung. Zu den wichtigen Unternehmen zählen eine Düngemittelfabrik in Aqaba, die Erdölraffinerie in Zarqa sowie kleinere Betriebe zur Herstellung von Zement, Textilien und Getränken. Gravierend ist das Problem des Wassermangels, das man durch bilaterale Verträge mit Israel und den Bau von Dämmen (u. a. entlang dem Jarmuk) zu lösen trachtet.

Der Außenhandel ist stark defizitär. 1993 lag das Handelsbilanzdefizit bei knapp 4 Mrd. DM, bei Importen von 6,1 und Exporten bei 2,1 Mrd. DM. Wichtigste Exportgüter sind Phosphate (29 % des Ausfuhrwertes) sowie Obst und Gemüse (14 %), importiert werden vor allem Erdöl und Ölprodukte (20 %), Maschinen und Fahrzeuge (23 %) sowie Nahrungsmittel (19 %).

Im Laufe des libanesischen Bürgerkriegs hat Amman die Rolle Beiruts als zentraler Handels- und Finanzplatz des Nahen Ostens übernommen. Dramatische finanzielle Einbußen erlitt das Land infolge des zweiten Golfkriegs.

Politik und Verwaltung

Das „Haschemitische Königreich Jordanien“ (arab.: Al-Mamlaka al-Urdunija al-Haschemija) ist eine konstitutionelle Monarchie. Das arabische Geschlecht der Haschemiten führt seinen Ursprung auf Haschim (gest. um 540) zurück, der als Urgroßvater Mohammeds gilt. Die Nachfahren Hasans, des Sohnes von Fatma, der jüngsten Tochter Mohammeds, waren die scherifischen Emire von Mekka. Husain, seit 1907 Scherif von Mekka, erklärte sich 1917 zum König von Arabien, herrschte aber nur im Küstengebiet des Hedschas. Von seinen Söhnen wurden Feisal 1921 König von Irak und Abdullah 1921 Emir von Transjordanien. Im Irak wurden die Haschemiten 1958 gestürzt, in Jordanien sind sie bis heute an der Macht. Derzeitiges Staatsoberhaupt und Oberbefehlshaber der Streitkräfte ist seit 1953 König Hussein. Er ernennt die Regierung und den Ministerpräsidenten, die vierzig Mitglieder des Oberhauses sowie die Richter. Die achtzig Mitglieder des Unterhauses werden von allen Bürgern über 18 Jahre gewählt. Frauen dürfen aktiv und passiv wählen. Obwohl die Verfassung alle vier Jahre Wahlen vorsieht, fanden nach 1967, als Jordanien die Westbank verlor, die nächsten Wahlen erst wieder 1989 statt. Seit 1993 sind erstmals demokratische Parteien zugelassen.

Das Land ist in acht Distrikte (Amman, Irbid, Balqa, Kerak und Ma'an in Ostjordanien, Jerusalem, Hebron und Nablus in Westjordanien) und einen Wüstendistrikt gegliedert, an deren Spitze ein Gouverneur steht.

Geschichte im Überblick

Um 9000 v. Chr. Entstehung erster Siedlungen in Jericho und Beidha.

3. und 2. Jt. v. Chr. Mehrere semitische Stämme, darunter die Edomiter, Moabiter und Ammoniter wandern, aus Mesopotamien kommend, im Philisterland, dem späteren Palästina, Jordanien und Syrien, ein.

1480 v. Chr. Nach der Schlacht bei Megiddo fallen Palästina und das Jordanland an Ägypten.

Um 1200 v. Chr. Ansiedlung der Philister in Kanaan.

Um 1000 v. Chr. Saul, der Gründer des Königreichs Israel und dessen erster König, unterliegt den Philistern. Sein Nachfolger David erobert Jerusalem und macht es zur Hauptstadt des neuen Königreichs Israel.

Um 950 v. Chr. Davids Sohn Salomo errichtet in Jerusalem den ersten Tempel. Nach seinem Tod zerfällt das Reich in zwei Teile – Israel und Juda.

Spätes **7. Jh. v. Chr.** Neu-Babylonier bringen das Reich der Assyrer zu Fall und gewinnen die Oberhoheit über Juda.

598 v. Chr. Nebukadnezar von Babylon erobert Jerusalem und zerstört es wenige Jahre später.

539 v. Chr. Der Achämenidenkönig Kyros II. von Persien macht Palästina, nachdem er das Neubabylonische Reich unterworfen hat, zur persischen Provinz.

4./5. Jh. v. Chr. Die Nabatäer, ein ursprünglich nomadischer Beduinenstamm aus dem Nordwesen der Arabischen Halbinsel, lassen sich im Gebiet der Edomiter nieder, gründen ein Königreich mit der Haupt-

Ein berühmter Name: Thomas Edward Lawrence, genannt Lawrence von Arabien

Hussein, seit 1953 König von Jordanien

Geschichte im Überblick

stadt Petra und gewinnen politisch mehr und mehr an Bedeutung.

332–ca. 200 v. Chr. Nach dem Untergang des Achämenidenreiches marschiert Alexander der Große in Palästina ein. Auf ihn folgen die auf jordanischem Gebiet ständig miteinander konkurrierenden Diadochenreiche der Ptolemäer und seleukidischen Herrscher und die durch sie betriebene Hellenisierung des Landes.

167 v. Chr. Von den Römern unterstützt, erheben sich die Juden gegen die Seleukiden.

64/63 v. Chr. Pompeius erobert Damaskus und Palästina, das er in Judäa umbenennt. Die sogenannte Dekapolis umfaßt zehn Städte, u. a. Philadelphia (Amman), Gerasa (Jerash), Gadara (Umm Qais), Pella und Dion (Irbid).

106 n. Chr. Die Nabatäer unterwerfen sich freiwillig Rom. Ihr Einflußgebiet gehört nunmehr zur Provincia Arabia.

4. Jh. Kaiser Konstantin der Große erkennt das Christentum als gleichberechtigte Religion an. Nach der Teilung des Römischen Reichs gehört Palästina zu Ostrom, das von Byzanz regiert wird.

622 Die Flucht Mohammeds von Mekka nach Medina markiert die Geburtsstunde des Islam. In den nachfolgenden Jahrzehnten findet der neue Glaube durch die Araber rasend schnelle Verbreitung.

629 Bei Kerak kommt es zur ersten Schlacht zwischen moslemischen und christlichen Truppen. In den folgenden Jahren erobern die Araber Jerusalem, Ägypten und Syrien.

661–750 Kalifat der Omaijaden mit Damaskus als Hauptstadt.
Die Wüstenschlösser in Jordanien und Palästina entstehen.

750 Die Abbasiden lösen die Omaijaden als Kalifen und auch Herren über Palästina ab und verlegen den Regierungssitz nach Bagdad.

980 Die Fatimiden erobern Palästina, nachdem sie in Kairo elf Jahre zuvor ein Gegenkalifat errichtet haben.

1071 Die turkstämmigen Seldschuken erobern die Region zu beiden Seiten des Jordan.

1099 Während des Ersten Kreuzzugs nehmen die Franken unter Gottfried von Bouillon Jerusalem ein und gründen das Lateinische Königreich, in dem sie zahlreiche Burgen, u. a. Kerak und Shaubak, errichten.

1187 Saladin, der Feldherr der Seldschuken, fügt den Christen bei Hattin eine entscheidende Niederlage zu und erobert wenig später Jerusalem.

1291 Nach mehreren weiteren Kreuzzügen werden die Franken endgültig aus der Levante vertrieben. Neue Herrscher sind bereits seit 1250 die Mamelucken.

1516 Nach der Eroberung von Konstantinopel im Jahr 1453 verleiben die Türken ihrem Reich Syrien und Palästina ein.

Um 1900 Nach dem ersten Zionistenkongreß in Basel (1897) beginnen Juden in wachsender Zahl nach Palästina einzuwandern und sich dort niederzulassen.

1914–1918 Im Ersten Weltkrieg ist das Osmanische Reich mit Deutschland verbündet. Die Araber erheben sich unter der Führung Scheich Husseins von Mekka und dem britischen Oberst T. E. Lawrence erfolgreich gegen die Türken.

Im Sykes-Picot-Abkommen (1916) teilen sich Franzosen und Briten den Nahen Osten in Interessensphären auf.

Kurz danach verspricht London in der Balfour-Deklaration den Juden die Errichtung einer „nationalen Heimstatt" in Palästina.

1920 Zwei Jahre nach dem Zusammenbruch des Osmanischen Reiches erhält Großbritannien vom Völkerbund das Mandat über Palästina und das Ostjordanland (Transjordanien). Syrien wird französisches Mandat. Danach mehren sich die Konflikte zwischen Arabern und Juden.

1921 Die Briten setzen Abdullah, den zweiten Sohn des Scherifen Hussein von Mekka, als Herrscher über Transjordanien ein, das 1923 zum quasi unabhängigen Staat mit der Hauptstadt Amman und Abdullah als König wird.

1939–1945 Im Zweiten Weltkrieg kämpfen jordanische Soldaten auf Seite der Alliierten.

25. Mai 1946 Das bisherige britische Mandat Transjordanien wird unabhängige Monarchie.

1948 Nach der Unabhängigkeitserklärung Israels kommt es zum Ausbruch des ersten Nahostkriegs, in dessen Verlauf arabische Truppen die Westbank mit Ostjerusalem besetzen.

1950 Transjordanien wird offiziell mit der Westbank und der Altstadt Jerusalems zum „Haschemitischen Königreich Jordanien" vereinigt.

1953 Nach der Ermordung König Abdullahs 1951 und der Abdankung König Talals wird Abdullahs 18jähriger Enkel Hussein, der heutige König, gekrönt.

1956 Zweiter Nahostkrieg; in der Folge verlassen die letzten britischen Truppen das Land (1957).

1967 Nachdem Israel im Sechstagekrieg die Westbank und Ostjerusalem besetzt hatte, ergießt sich ein Strom palästinensischer Flüchtlinge nach Jordanien.

1970 Im „Schwarzen September" zerschlägt die königliche Armee die bewaffneten Einheiten der PLO (Palästinensische Befreiungsorganisation), die in den Flüchtlingslagern eine Art „Staat im Staat" organisiert hatte.

1973 Im Jom-Kippur-Krieg unterstützt Jordanien Syrien militärisch am Golan gegen Israel.

1974 König Hussein erkennt die PLO als alleinige Vertretung der Palästinenser an.

1984 Das Parlament wird, zehn Jahre nach seiner Suspendierung, wieder eingesetzt und das Frauenwahlrecht eingeführt.

1988 Ausbruch der „Intifada" – ein neuer Aufstand der Palästinenser in der Westbank und in Gaza. König Hussein verzichtet zugunsten der PLO auf die politische Vertretung des Westjordanlands und Jerusalems.

1991 Im Golfkrieg sympathisierte Jordanien wie schon beim Irak-Iran-Krieg mit Bagdad.

1992 Zulassung aller politischen Parteien. In Madrid beginnen die israelisch-palästinensischen Friedensgespräche.

1994 Im Mai unterzeichnen Israel und die PLO das Gaza-Jericho-Abkommen, im Juli Jordanien und Israel die „Washingtoner Erklärung", durch die der seit 1948 währende Kriegszustand beendet wird.

1995 In Washington wird das Autonomieabkommen für das Westjordanland unterzeichnet, dem Anfang Oktober das israelische Parlament mit sehr knapper Mehrheit zustimmt.

Kultur gestern und heute

Seit jeher befindet sich Jordanien kulturell wie politisch im Spannungsfeld zwischen mediterranem Raum und arabischer Halbinsel, zwischen Mesopotamien und Ägypten. Die vielfältigen Einflüsse, die seit der Jungsteinzeit zum Tragen kamen, haben im Land ein reiches kulturelles Erbe hinterlassen. Den Anfang machten regionale Kulturen wie die der Ammoniter, Israeliten und Nabatäer, die später von jenen der Babylonier, Römer, Byzantiner, Araber, Kreuzritter und Osmanen überlagert und abgelöst wurden.

Kunst

1982 stieß man bei Ausgrabungen in Ain Ghazal, einem Vorort Ammans, auf die Überreste von Hausmauern aus dem 8. Jt. v. Chr. Aus weiteren Funden konnte nachgewiesen werden, daß die hier entdeckte Siedlung bereits in der Bronzezeit eine wichtige Handelsstation war und Beziehungen nach Griechenland, Mesopotamien, Syrien und Zypern unterhielt. Um 1200 v. Chr. wird Rabath Ammon, das heutige Amman, zur Hauptstadt der Ammoniter und steht in engem Kontakt zu Jerusalem.

Jerusalem wird unter König David zur Hauptstadt des Jüdischen Königreiches. 960 v. Chr. läßt König Salomo für die Bundeslade den Ersten Tempel bauen, der 587 v. Chr. von den Truppen Nebukadnezars zerstört wird. Nach der Rückkehr der Israeliten aus der Babylonischen Gefangenschaft (520 v. Chr.), wird der Zweite Tempel errichtet. Erst Herodes der Große (37–4 v. Chr.) erweitert und gestaltet ihn um.

Im Jahr 70 n. Chr. werden Jerusalem und der Tempel von den Römern unter Titus zerstört.

Im 4. Jh. v. Chr. beginnt sich der hellenistische Einfluß auf das jordanische Gebiet auszuwirken.

In der Felsenstadt Petra verarbeiten die Nabatäer griechische, assyrische und babylonische Stilelemente in ihrer Architektur und schaffen eine weltweit einzigartige Anlage.

Das ammonitische Rabath Ammon erfährt aber erst durch den Ptolemäus II. Philadelphus seine vollkommene Umgestaltung und Hellenisierung, die bis heute in der Grundstruktur der Stadt zu erkennen ist. Zudem erhält die Siedlung einen neuen Namen, Philadelphia.

Erst nachdem das Gebiet unter römische Vorherrschaft gekommen und in die Provinz Arabia integriert worden ist, beginnt für die Handelsstädte östlich des Jordan eine architektonische Blütezeit. Philadelphia (Amman) wird von den neuen Herren in klassisch-römischem Stil ausgebaut und erweitert.

In Petra führt die Präsenz Roms zur Bildung eines eklektizistischen Stilge-

In der Moschee

Ein weiser Mann hat einmal geschrieben, schon der erste Blick auf eine Stadt verrate, was ihre Bewohner geistig erfülle. Stamme sie aus dem 18. Jh., sei in Europa das alles überragende Bauwerk für gewöhnlich das politische Versammlungsgebäude. In modernen Metropolen seien die höchsten Bauten die Verwaltungspaläste, die Zentren des Wirtschaftslebens. In den meisten orientalischen Altstädten hingegen kämen – wie in der mittelalterlichen christlichen Stadt die Kathedralen – die Kuppeln und Minarette der Moscheen dem Himmel am nächsten.

Mögen in der Hauptstadt Amman mittlerweile auch manche Wolkenkratzer den Minaretten höhenmäßig den Rang ablaufen, Moscheen bilden doch nach wie vor die markantesten Merkzeichen

misches mit fast barocken Zügen. Die am besten erhaltene Stadt jener Zeit ist jedoch Jerash, das antike Gerasa.

Im 1. Jh. v. Chr. ersetzen römische Städteplaner den alten, nabatäischen Ortskern durch eine weitläufige Anlage mit einem Forum, einem Jupitertempel, einer Kolonnadenstraße, zwei Nebenstraßen, Badehäusern, Theatern sowie einem Bad, Toren und Triumphbögen.

Nach der Anerkennung des Christentums durch Konstantin (313 n. Chr.) setzt in der Region ein wahrer Bauboom an Kirchen ein. Bevor sich eine eigene Formensprache entwickeln kann, übernimmt man Elemente der alten Tempelarchitektur und einige ihrer Gestaltungselemente. In der Folge entsteht daraus ein byzantinischer Basilika-Baustil, der sich durch großartige Mosaike auszeichnet. In Jordanien existieren noch viele Kirchen aus dieser Zeit. Die berühmtesten Beispiele für byzantinische Mosaikenkunst sind in den Gottes- und Wohnhäusern von Madaba zu sehen. Einzigartig ist das

Die König-Abdullah-Moschee in Amman

Eine Augenweide ist der alte Silberschmuck der Beduinen

in der Stadtlandschaft. Und in allen anderen Orten Jordaniens sind sie, wie im gesamten Orient, ohnehin unbestritten die zentralen Gebäude; und zwar sowohl physisch als auch spirituell.

Der „Ort, an dem man zum Gebet niederfällt", so ist der Begriff Moschee (arab.: *masgid*) zu übersetzen, bestand in der islamischen Frühzeit in Arabien in der Regel aus einem von Lehmmauern umgrenzten Hof und aus Palmstämmen und -blättern errichteten Galerien. Der Moscheebau, wie wir ihn heute kennen, also mit Minaretten, von denen der Muezzin oder neuerdings eine Tonbandstimme fünfmal täglich zum Gebet ruft, mit einer Predigtkanzel (arab.: *minbar*) und einer Gebetsnische (arab.: *mihrab*), die den Gläubigen die Richtung nach Mekka weisen, setzte erst im 8. Jh. unter den Omaijaden ein. Auch wenn seither viele Bauherren einander in puncto Prunk zu übertreffen suchten, ist das Interieur heute meist noch relativ schlicht gehalten und nur mit Matten oder Teppichen ausgelegt. Kunst- und Kultgegenstände fehlen aufgrund des auf den Koran zurückgehenden Bilderverbots praktisch völlig.

Obwohl Muslime grundsätzlich überall beten können, ist es doch „verdienstvoller", dies in einer Moschee zu tun. Beim Betreten der Anlage sind ausnahmslos die Schuhe auszuziehen. Ungläubigen ist in Jordanien, im Gegensatz zu vielen anderen muslimischen Ländern, der Zutritt grundsätzlich erlaubt. Allerdings haben Frauen vielerorts einen schwarzen Kapuzenmantel überzustreifen.

Mosaik in der St.-Georgs-Kirche, das die Landkarte von Palästina und Jordanien zeigt, die um 560 n. Chr. entstand.

Nach der Schlacht am Jarmuk (636 n. Chr.) fällt Palästina in den moslemischen Herrschaftsbereich. Die omaijadischen Kalifen lassen insgesamt zwanzig Wüstenschlösser im heutigen Jordanien, Israel und Syrien errichten. Dabei werden mit Wandmalereien, Mosaikböden und Stuckdekorationen wiederum Elemente des byzantinischen und teilweise auch sassanidischen Baustils übernommen. Die Araber betätigen sich außerdem als Gründer neuer Siedlungen. Bei Aqaba errichten sie im 7. und 8. Jh. n. Chr. die frühislamische Stadt Aylah, die seit 1987 von Archäologen freigelegt wird.

Durch die Abgeschiedenheit des Landes und die Verlagerung des Kalifats nach Bagdad unter der Dynastie der Abbasiden einerseits (750 n. Chr.) und die beginnenden Kreuzzüge andererseits (1096 n. Chr.) sind aus dieser Blütezeit islamischer Kultur in Jordanien kaum Zeugnisse erhalten. In den folgenden Jahrhunderten beschränken sich die baulichen Aktivitäten vornehmlich auf die Errichtung von Festungsanlagen und den Ausbau Jerusalems durch die Christen. Die Grabeskirche wird aufwendig umgestaltet, die heute noch gültigen Stationen des Leidensweges Christi im Bereich der Altstadt werden damals schon festgelegt. Von der fränkischen Burgenarchitektur sind in Jordanien nur zwei wichtige Beispiele erhalten, der Crac de Moab in Kerak und Mons Realis bei Shaubak am King's Highway.

Nach der Zerschlagung der von den Kreuzrittern gegründeten christlichen Staaten und der nachfolgenden Eroberung durch die Osmanen verlieren die wenigen städtischen Zentren weiter an Bedeutung. Bei Aqaba wird im 14. Jh. eine Burg zum Schutz der Mekkapilger aus Ägypten gebaut, die in der Folge von den Mamelucken und Osmanen um- und ausgestaltet wird. Die wichtigsten architektonischen Maßnahmen konzentrieren sich wiederum auf Jerusalem, wo Suleiman der Prächtige den Felsendom mit türkischen und persischen Fayencen auskleiden läßt.

Kunsthandwerk

Vor fünfzig Jahren noch konnte man durch einen Blick auf die Kleidung erkennen, aus welcher Region der Träger kam, welchem Stamm er angehörte und welche soziale Stellung er innehatte. Die zunehmende Verbreitung westlicher Mode hat das Erscheinungsbild inzwischen nachhaltig verändert. Durch gezielte Projekte jedoch, die unter der Aufsicht von Königin Nur stehen, wird das Wissen um die traditionelle Kleidung bewußt gepflegt und den veränderten Lebensumständen angepaßt.

Die Kleidung der Beduinen unterscheidet sich kaum von derjenigen der Stadtbewohner. Die Männer tragen da wie dort ein einfaches, unbesticktes, langes Hemd, den *thob*. Lederjacken und Wollcapes schützen gegen die Kälte, besonders letztere erweisen sich als überaus nützlich, da sie als Kopfpolster, Decke oder auch als Futterbehälter für Tiere verwendet werden können.

Üppig bestickt ist die Festtagskleidung der Frauen und Männer, deren Wirkung durch Gürtel und Schmuck unterstrichen wird. Als Kopfbedeckung tragen die Männer die sogenannte *keffiye*, ein mit einer Kordel befestigtes großes Tuch. Die schwarzgemusterten Tücher weisen den Träger als Palästinenser aus, die rotgemusterten als Jordanier.

Silberhandwerk ist seit jeher in der arabischen Welt weitverbreitet, in Jordanien erfuhr die Schmiedekunst durch die vor hundert Jahren angesiedelten Tscherkessen und Armenier neue Impulse. Mit zunehmendem Wohlstand

Hauptattraktion in der St.-Georgs-Kirche von Madaba ist die Palästina-Karte

interessieren sich die Käufer heute jedoch mehr für die teureren Schmuckstücke aus Gold.

Mit dem *Schmuck*, den die Frau u. a. auch als finanzielle Absicherung bei der Hochzeit erhält, wird, ähnlich wie durch die Kleidung, darüber hinaus eine gewisse spirituelle Absicht verfolgt. Zumindest bis vor kurzem dienten die Schmuckstücke immer auch als Amulett oder Talisman. Die ihnen innewohnende Kraft wird von der Perfektion der Ausführung des Schmuckstücks bestimmt.

Teppiche gehören sowohl bei der städtischen wie auch bei der ländlichen und nomadischen Bevölkerung zur Grundausstattung des Heims. Die Teppiche der Beduinen unterscheiden sich von industriell gefertigten Stücken in erster Linie durch eckigere Ornamente. Ursprünglich wurden die Teppiche nur geknüpft, um innerhalb des Clans oder Stamms Verwendung zu finden. Verkauft wurden sie nur in extremen Notsituationen.

Die Teppiche aus der Stadt zeichnen sich durch sanftere, rundere Ornamente aus, verfügen jedoch nicht über dieselbe Variationsbreite wie jene der Beduinen. Die Knüpfer, die in einer Stunde bis zu 1000 Knoten knüpfen können, werden nach Tages- oder Wochenleistung bezahlt. Um einen mittelgroßen Teppich anzufertigen, benötigen sie bis zu 18 Monate.

Durch die Bemühungen der Nur-al-Hussein-Stiftung kam es in letzter Zeit zu einem Wiederaufleben einer besonders traditionsreichen Form des Kunstgewerbes, des Stickens. Mit Stickereien werden alle Textilien, von Kleidern über Decken bis hin zu Kissen, dekoriert. Die Aussteuer bestickte noch bis vor kurzem jede Braut selbst und anhand des Musters, der Farben und Stoffe konnte man ihrenn Herkunftsort erkennen. Inzwischen werden folkloristische Elemente auch in der landeseigenen wie in der internationalen Haute Couture verwendet und umgesetzt.

Essen und Trinken

Ein Land zu bereisen, heißt nicht nur fremde Kulturen kennenzulernen, ein anderes Klima zu erleben oder architektonische Stätten aufzusuchen. Fern der Heimat gehen auch die Sinne auf Entdeckungsreise. Vor allem die Geschmacksnerven.

Bei Tisch läßt sich viel erfahren: über Menschen, ihren Umgang miteinander, ihre Traditionen und Bräuche. In besonders hohem Maße trifft dies auf die arabischen Länder zu.

Essen, das ist zwischen Maghreb und Mashreq weit mehr als reine Nahrungsaufnahme, es ist ein gesellschaftliches Ritual, ein Ereignis, dem große Bedeutung zugewiesen wird. Das erklärt sich schon aus der Geschichte der arabischen Gesellschaften, die aus Nomadenstämmen hervorgegangen sind. In einer lebensfeindlichen Umgebung wie der Wüste bedeuten Speisen und Getränke einen täglichen kleinen Sieg über die unwirtliche Umwelt.

Wie in Syrien und Libanon herrscht auch in Jordanien die levantinische Küche vor, eine der variationsreichsten der Welt. Eine Mahlzeit beginnt traditionellerweise mit einer Unzahl von Vorspeisen, den *Mezze*. Es handelt sich dabei um bis zu vierzig verschiedene Appetithappen. Dazu gehören: *Tabuleh* – feingehackte Petersilienblätter mit Tomaten, Minze und dem nußartig schmeckenden *Bulghur*, sowie *Hummus bi-l-Tahina* – pürierte Kichererbsen mit Salz, Zitronensaft, Sesam- und Olivenöl. *Baba Ghannusch* ist ein Püree aus angebratenen Auberginen, die mit Zitrone, Knoblauch und Sesamöl zu einem glatten Brei verrührt werden. *Malfuf* entsprechen den europäischen Kohlrouladen, die Füllung besteht aus

Schaffleisch und Reis. Zu den Mezze gehören überdies Oliven, Käse, Nüsse, Obst, eingelegte Gurken und gefüllte Weinblätter.

Als Hauptgang wird meist Geflügel- oder Lammfleisch mit Reis und Gemüse serviert. In Jordanien gilt *Mansaf*, das Festessen der Beduinen, als Nationalspeise schlechthin. Auf große Platten wird Reis mit Mandel- und Pinienkernen aufgehäuft und darüber gekochtes Hammelfleisch mitsamt der Sauce gegossen. Bisweilen kann auch noch ein Fettbrocken vom Schafschwanz die Komposition krönen – Fett gilt hierzulande als Delikatesse. Ebenfalls ein Beduinengericht ist *Mussacha*, bei dem ein gegrilltes Huhn mit angebratenen roten Zwiebeln, Gewürzen und Pinienkernen in ein Fladenbrot gewickelt wird.

Als Dessert bieten sich viele, viele Süßspeisen an, die ein eigenes Kapitel füllen würden. Zwei davon, *Baklawa* und *Halwa*, haben über Griechenland ihren Weg bis nach Europa gefunden. Baklawa ist ein mit Honig oder Zucker übergossener Strudelteig, der mit Mandeln und Haselnüssen gefüllt wird. Halwa besteht aus Sesam, Honig, Zucker und Weizenmehl.

Zum Abschluß eines solch üppigen Mahls empfiehlt es sich, eine Tasse Tee oder Kaffee zu bestellen. Letzteren gibt es in den Variationen „türkisch", „français" und „Nescafé". Empfehlenswert ist der Türkische, der meist mit dem Gewürz Kardamom versetzt wird, was ihm ein ungewohntes, leicht bitteres Aroma verleiht. Soll der Kaffee süß sein, muß dies ausdrücklich erbeten werden. Ein weiteres Nationalgetränk ist Arak, ein mit Eiswasser verdünnter Weintraubenschnaps.

Als kulinarisches Postskriptum die Verhaltensregel Nummer eins: Niemals mit der linken Hand essen, die als die unreine gilt. Da Gabeln oder Löffel meist fehlen, behilft man sich mit dem Fladenbrot oder formt Reis zu kleinen Bällchen.

Sehr ansprechend sind die graphischen Teppichmuster

Bunte Vielfalt: die jordanisch-arabische Küche

Ohne eine Tasse Tee geht nichts

Bunte Gewürzpalette

Reisewege und Verkehrsmittel

Anreise

Mit dem Flugzeug

Linienflüge mit Royal Jordanian, Austrian Airlines und Swissair werden von Berlin, Frankfurt/M., Genf, Wien und Zürich nach Amman angeboten (Flughafen Queen Alia, 40 km außerhalb, alle 30 Min. Busse ins Stadtzentrum, 50 Min. Fahrt).

ℹ (in Amman): Royal Jordanian, ☏ 5 32 00; Austrian Airlines, Commodore Hotel, Shmeissani, ☏ 69 46 04; Lufthansa, Shmeissani, Alia Abu-Madi-Street, ☏ 60 17 44; Swissair, The Near East Tourist Center, ☏ 64 19 06.

Mit dem Auto

Die Fahrt mit dem Auto von München über Wien, Budapest, Belgrad, Sofia, Istanbul, Ankara und Damaskus nach Jordanien dauert eine gute Woche. Bereits beim Visumantrag sollten die notwendigen Formalitäten für die Einreise erledigt werden. Dem jordanischen Zoll müssen der internationale Führerschein und ein Carnet de Passage, das von einem Automobilklub ausgestellt wird, vorgelegt werden. Da die grüne Versicherungskarte in Jordanien nicht gültig ist, muß eine eigene Haftpflichtversicherung abgeschlossen werden (Mindestlaufzeit vier Wochen).

Wer eine Weiterfahrt nach Ägypten plant, muß sich nach den restriktiven Einfuhrbestimmungen für Pkws erkundigen. Die Einreise mit dem Privatfahrzeug auf die Westbank hängt von den jeweiligen politischen Umständen ab. Die Einreise nach Israel ist hingegen problemlos. Allerdings muß darauf geachtet werden, daß die Jordanier die Ausreise und die Israelis die Einreise nicht im Paß vermerken, sondern ein dafür vorgesehenes Beiblatt benutzen. Andernfalls wird die Rückfahrt über Syrien unmöglich.

Mit dem Bus

Expreßbusse fahren wöchentlich von Wien und München nach Istanbul. Vor dem Topkapi-Palast starten Busse nach Amman.

ℹ Bosfor-Turizm, Argentinierstr. 67, A-1040 Wien, ☏ 02 22/5 05 06 44.

Mit der Fähre

Zwischen Aqaba und Nuweiba in Ägypten verkehrt mehrmals täglich die Auto- und Passagierfähre der National Jordan Company for Shipping. Die Überfahrt, in US-Dollar zu zahlen, dauert etwa dreieinhalb Stunden.

ℹ Jordan National Shipping Lines, Amman, ☏ 66 62 14. Al-Hussein Egyptian Navigation Comp., 20 Tallat Harb Street, Kairo, ☏ 75 91 66. Cairo Shipping Agency, 7 Abdel Khaliq Tharwat Street, Kairo, ☏ 74 58 36. **Preise:** Pkw bis 4,75 m Länge: 99 US-$, Kleintransporter: 167 $, Wohnmobile: 184 US-$, pro Person 1. Klasse: 26 US-$, pro Person 2. Klasse: 18 US-$, Kinder je nach Alter zwischen 6 und 10 US-$, Ausreisesteuer: 7 JD.

Reisen im Land

Binnenflüge

Innerhalb Jordaniens gibt es nur eine Verbindung von Amman nach Aqaba.

Autofahren

Jordanien verfügt über ein dichtes Straßennetz, das in gutem Zustand ist. Die Verkehrsvorschriften entsprechen den europäischen. Übertretungen, insbesondere der Geschwindigkeitsbeschränkungen, werden streng geahndet. Die Verkehrszeichen sind arabisch und englisch beschriftet. Wo keine

Höchstgeschwindigkeiten angegeben sind, gelten außerhalb von Ortschaften 80 km/h, auf schmalen Paß- und Serpentinenstraßen 60 bzw. 40 km/h und in Ortschaften 50 km/h. Die Einheimischen fahren für arabische Verhältnisse sehr rücksichtsvoll.

Mietwagen

Neben den international tätigen Verleihfirmen bieten auch lokale Unternehmen Mietwagen relativ günstig an (ab ca. 48 DM pro Tag). Beim Anmieten müssen der nationale und der internationale Führerschein vorgelegt werden (Mindestalter 25 Jahre). Oft wird eine Kaution von 150 bis 300 JD verlangt.

Von Vorteil sind in diesem Fall Kreditkarten. Schadensfälle sind mit Ausnahme einer Eigenbeteiligung von 75 JD durch eine Versicherung abgedeckt.

🛈 (jeweils in Amman): Avis, ☏ 69 94 29 oder 69 48 83. Avis am Flughafen, ☏ 08/5 18 88 oder 5 15 55. Budget, ☏ 69 81 31. Europcar, ☏ 60 13 60 oder 60 13 50 oder 67 42 67.

Öffentliche Verkehrsmittel

Das Busunternehmen JETT verbindet die größeren Orte. Karten für Fahrten in beliebte Urlaubszentren wie Aqaba oder Petra sollten zwei Tage im voraus gebucht werden. In und zwischen kleineren Städten verkehren in unregelmäßigen Abständen Minibusse.

🛈 Jordan Express Tourist & Transport Company, Amman, ☏ 66 41 46 oder 66 47, Abfahrtsplatz: auf dem Dschebel Hussein, King Hussein Street.

Eisenbahn

Die Hedschas-Bahn, eine Anfang des Jahrhunderts von deutschen Ingenieuren gebaute Verbindung von Damaskus nach Medina, ist derzeit auf jordanischer Seite eingestellt. Für rein touristische Zwecke wird zweimal pro Woche der Personenverkehr auf der Teilstrecke Amman – Damaskus aufgenommen.

Eine besonderes Erlebnis: Auf vier Rädern durchs Wadi Rum

Unterkunft

In den Touristenzentren von Amman und Aqaba entsprechen die zahlreichen höherklassigen Hotels europäischem Standard. Bei Mittelklasseunterkünften und billigen Herbergen sind hingegen Qualitätsabstriche in Kauf zu nehmen. Im Rest des Landes sieht die Hotelsituation eher trüb aus. Dieses Defizit hat verschiedene Ursachen: Zum einen kann von Amman aus jeder Punkt des Königreiches leicht binnen eines Tages erreicht werden, zum anderen konzentrierte sich die jordanische Fremdenverkehrswirtschaft bis in die sechziger Jahre in erster Linie auf die Westbank und erholte sich lange nicht von deren Verlust.

Erst in jüngerer Zeit legen die Jordanier vermehrt Wert darauf, östlich des Jordan eine entsprechende Infrastruktur aufzubauen. In Petra und am Toten Meer entstehen mehr und mehr Hotelbauten, die jenen von Amman oder Aqaba an Qualität nicht nachstehen. Interessant sind die kleineren Anlagen, die sich architektonisch an traditionellen Bauten orientieren. So wurden kürzlich in Tayiba Zeman nahe Petra 95 Häuser einer Siedlung aus dem 19. Jh. völlig restauriert und als Hoteldorf eröffnet. Angeschlossen sind ein türkisches Bad, ein Handwerkszentrum und ein kleines Museum. Der Ort ist ein gelungenes Beispiel für die Aktivitäten eines Komitees, das von Königin Nur zu Rettung traditioneller jordanischer Kultur und Eigenart ins Leben gerufen wurde. In vielen anderen Orten hingegen sind weder Pensionen noch andere Unterkünfte vorhanden.

In Amman ein Hotelzimmer zu bekommen, stellt während des gesamten Jahres kein größeres Problem dar, da die vorhandenen Kapazitäten bei weitem noch nicht ausgeschöpft sind. Gegen eine geringe Gebühr reserviert die Touristeninformation am Internationalen Queen-Alia-Flughafen ein Zimmer in Amman. In Aqaba empfiehlt sich im Winter hingegen auf jeden Fall eine Reservierung von Europa aus.

Die vom Staat festgesetzten Zimmerpreise entsprechen ungefähr europäischem Durchschnitt und gelten pro Zimmer lediglich für die Übernachtung. In Hotels der Luxuskategorie werden ein Servicezuschlag von 10 % sowie eine hohe Steuer berechnet. Dafür lassen viele Hoteliers, insbesondere in der Nebensaison (Okt. bis März) und bei längeren Aufenthalten mit sich handeln. In der Regel gilt: Je kleiner das Hotel, desto flexibler die Preisgestaltung.

Es kann vorkommen, daß unverheirateten Paaren verboten wird, ein Zimmer zu teilen und sogar, wenn die Nachnamen in den Pässen nicht übereinstimmen, eine Hochzeitsurkunde verlangt wird.

Eine Alternative zu Hotels und Pensionen stellen die **Resthouses** dar, die es in verschiedenen Orten des Landes gibt, u. a. in Petra, Wadi Rum, Muqawir, Ajlun, Kerak, Salt und am Toten Meer. Diese Rasthäuser entsprechen in Ausstattung und Service ungefähr europäischen Mittelklassehotels. Zimmer müssen unbedingt telefonisch oder schriftlich reserviert werden. ℹ Jordan Hotel and Resthouse Corporation, P.O. Box 2863, Amman, ☎ 81 32 43.

Camping ist in Ajlun-Ishtafina, Aqaba, Dana, Petra, Salt am Toten Meer und in Wadi Rum möglich. Doch sollte man in puncto Hygiene und Ausstattung keine allzu hohen Ansprüche stellen. Die Preise variieren zwischen 500 Fils und 3 JD pro Person und Nacht. In Wadi Rum kann man ein Zweipersonenzelt für 2 JD pro Nacht mieten. ℹ Jordan Tourism Authority, P.O. Box 224, Amman.

Jugendherberge: In Amman gibt es ein YMCA, Dschebel Amman, nahe Second Circle, ☎ 62 14 88 (Reservierung!).

Urlaub aktiv

Tauchen

Paradoxerweise ist ausgerechnet das Königreich, dessen Fläche zu vier Fünftel aus Wüste besteht, ein beliebtes Ziel unter Tauchern und Wassersportlern. Das milde Winterklima mit dem etwa 20 °C warmen Wasser des Golfs von Aqaba und vor allem die farbenprächtigen Korallenriffe in unmittelbarer Nähe zu Europa haben die einzige Hafenstadt Jordaniens neben Amman und Petra zum wichtigsten Tourismuszentrum werden lassen.

Das Tauchzentrum von Aqaba besteht seit 1973, seit 1982 werden von hier Tauchausflüge zur ägyptischen Sinaiküste organisiert. Im Royal Diving Centre sowie im Wassersport- und Tauchzentrum des Hotels Aquamarina und im Seastar Watersports können sämtliche Wassersportgeräte sowie komplette Taucherausrüstungen gemietet werden. Da die Riffe auch direkt vom Sandstrand aus erreichbar sind, können Nichttaucher die Unterwasserschönheiten beim Schnorcheln erleben. Als die interessantesten Gebiete zum Tauchen gelten: Yamaniyah Riff, Gorgone, Bag Bay Gully Riff, The Garden, First Bay, Black Rock, Aquarium, The Wall und Wreck. Zu den Regionen Taba, Pharaon Island, Fijord, Nuweibeh und Ras Burka werden Tages- und Nachtausflüge von Seastar Watersports und Royal Diving Centre angeboten.

Wer sich partout nicht in die Fluten werfen will, der kann Fahrten mit dem Glasboot unternehmen. Außerdem verfügt die Stadt über Tennis- und Squashanlagen sowie Reitklubs.

Royal Diving Centre, P.O. Box 21, Aqaba, ☎ 31 70 35, FAX 31 42 06.
Aquamarina Diving Hotel Club, P.O. Box 96, Aqaba, ☎ 31 62 50,

„Tafeln" inmitten der Wüste: das Wadi Rum Resthouse

Ein Fest fürs Auge: die Korallenbänke von Aqaba

Im Ballon übers Wadi Rum

📠 31 42 71. **Seastar Watersports,** Al Cazar Hotel, P.O. Box 392, Aqaba. ☎ 31 41 31, 📠 31 41 33. Aqaba Information Center/Ministry of Tourism, ☎ 31 33 63.

Klettern und Bergsteigen

Vor ca. 30 Mio. Jahren entstand das Wadi Rum, eine Bergregion, deren höchste Erhebung, der Dschebel Rum, 1754 m hoch ist. Durch einen geologischen Bruch wurden riesige Schluchten und Sandsteinfelsen aufgeworfen. Die nachfolgende Erosion tat das ihre und ließ bizarre Felsformationen entstehen, die das Herz eines jeden Sportkletterers schneller schlagen lassen.

In den letzten Jahren entwickelten sich die Berge des Wadi Rum zu einem beliebten Ziel der internationalen Bergsteigerszene. Das Ministerium für Tourismus beauftragte daraufhin den britischen Kletterer Tony Howard, klare Routen zu erstellen. Seine Bücher – „Treks and climbs in the mountains of Rum and Petra" (Jordan Distribution Agency/Cicerone Press, Amman, Neuauflage 1993) und „Walks and scrambes in Wadi Rum" (Al-Kutba, Amman 1993) – sind *die* Standardwerke zu diesem Thema (erhältlich in Amman in Buchläden und guten Hotels).

Nicht allein die verschiedenen Routen aller Schwierigkeitsgrade sind es, die Wadi Rum so einzigartig machen. Auch die Tatsache, sich in einem alten Kulturgebiet der Nabatäer und einem noch immer von Beduinen bewohnten Gebiet zu befinden, macht den besonderen Reiz einer Bergtour aus.

Auch die Paraglider haben Wadi Rum für sich entdeckt – allerdings muß das ganze Equipment ebenso wie die Ausrüstung zum Bergsteigen nach Jordanien mitgenommen werden.

ℹ Samir Farouqa, Director of Wadi Rum District, P.O. Box 54 03 65, Amman, ☎ 83 15 81, 📠 64 84 65. Wadi Rum Resthouse, P.O. Box 114, Aqaba, ☎ 31 39 30, 📠 31 39 48.

Ballonfahren

In den frühen Morgenstunden rechtzeitig zum Sonnenaufgang und am Nachmittag starten in Wadi Rum – und seit dem Frühjahr 1995 auch in Petra – Heißluftballone zu einer Fahrt über das Gebirge und die Wüste.

ℹ Jordan Tourism Investment Co., P.O. Box 8 11 46 40, Amman 111, ☎ 66 86 06; 📠 82 67 85; Aqaba, ☎ 31 63 24; 📠 31 53 16; Petra, ☎ 8 36 65. Preis: 120 JD pro Person.

Wer lieber auf dem Boden bleibt, kann das Wadi Rum auch per Geländewagen oder Kamel erkunden.

Kur und Heilquellen

Aus sechzig Quellen sprudelt bei Hammamet Ma'in heißes, mineralhaltiges Wasser aus dem Boden oder stürzt über die Berghänge, bevor es sich in großen und kleinen Becken sammelt und ins Tote Meer abfließt. Der Schlamm des Toten Meeres enthält Stoffe, die sich positiv auf die Haut auswirken. Dem warmen, sehr salzigen Wasser schreibt man therapeutische Wirkung unter anderem bei Kreislaufproblemen zu. Diese natürlichen Schätze in Verbindung mit dem trockenen, reizarmen Klima machten die Gegend bereits vor 2000 Jahren zu einem berühmten Kurort.

Das kürzlich errichtete **Ma'in Spa Village** vereint ein Kur- und Behandlungszentrum mit einem luxuriösen Viersternehotel (P.O. Box 801, Madaba, ☎ 📠 54 55 00; $))).

In Suweimeh am Toten Meer wurde das **Salt Land Village** errichtet (Suweimeh, P.O. Box 184194 Amman, ☎ 80 20 28, 📠 68 81 00; $))), ein weiteres Kurzentrum, in dem neben Gesundheitsbädern im Meer und im schwarzen Heilschlamm auch Antistreß- und Fitneßprogramme angeboten werden.

Gesundes Naß: Wasserfall bei Hammamet Ma'in

Amman

Moderne Metropole mit antiken Wurzeln

„Ahlan wa sahlan", „herzlich willkommen", in der Hauptstadt des Haschemitischen Königreichs. Jeder Jordanien-Reisende beginnt seine Fahrt in Amman oder kommt auf jeden Fall mindestens einmal durch die Metropole, die sich – auf einer Seehöhe zwischen 750 und 1000 m – wie Rom über sieben Hügel erstreckt. Hier erwarten den Fremden alle Annehmlichkeiten eines zeitgemäßen Verteilerknotens – ein hochmoderner Flughafen, zahlreiche Fünfsternehotels, eine vielfältige Gastronomie, ein reiches Angebot an Geschäften, Freizeitvergnügungen, Reiseveranstaltern, Bus- und Mietwagenunternehmen, und zudem ein dank der Höhenlage selbst im Hochsommer angenehmes Klima. Von hier lassen sich alle großen Sehenswürdigkeiten des Landes, seien es Petra und Aqaba, Jerash, die Wüstenschlösser oder das Tote Meer, bequem in einer Tagesfahrt erreichen.

Geschichte

Amman ist nicht, wie die meisten Reiseführer meinen, nur Standquartier und Ausgangspunkt für Touren über Land, sondern durchaus selbst ein Ort, der es lohnt, erkundet zu werden. Schließlich blickt es, wie bei nahöstlichen Ballungsräumen üblich, auf eine überaus lange und bewegte Geschichte zurück. Sie beginnt, wie archäologische Grabungen im Vorort *Ain Ghazal* belegen, bereits vor rund 9000 Jahren. Damals befand sich hier im Tal des wasserreichen *Wadi Amman* eine der größten jungsteinzeitlichen Siedlungen des ganzen Mittleren Ostens. Grabungsfunde aus der Bronzezeit, die man auf einem Hügel im Stadtzentrum zutage förderte, bezeugen, daß die örtlichen Bewohner schon damals, zwischen dem frühen 2. Jt. und etwa 800 v. Chr., rege Handelskontakte zu den Griechen, Aramäern, Zyprioten und zu Mesopotamien unterhielten.

In biblischer Zeit war *Rabath Ammon,* wie die Siedlung mittlerweile hieß, die Residenzstadt der Ammoniter. Dieses ostjordanische Volk, das laut Legende der Vereinigung Lots mit seinen Töchtern entsprungen ist, errichtete jenen Kranz von rund fünfzig Wehrtürmen, deren letztes Exemplar noch heute nahe dem Goethe-Institut auf dem *Dschebel Amman* zu bewundern ist. Der nächste Herr über die Stadt war David, der König der Israeliten. Er erwies sich, glaubt man den Erzählungen des Alten Testaments, als ausgesprochen grausamer Eroberer, ließ er doch die meisten Bewohner bei lebendigem Leib in riesigen Ziegelöfen verbrennen. Und zuvor hatte er auf dem Höhepunkt der Entscheidungsschlacht einen seiner besten Männer, den Hethiter Uria, nur deshalb in den Kampf und den Tod geschickt, um dessen Frau Bathseba freien zu können.

Davids Sohn und Nachfolger, Salomo, residierte zwar in Jerusalem, schuf aber dort seinen Tempel zu Ehren des ammonitischen Gottes Moloch und nahm Ammoniterinnen als Frauen. Die Bibel erwähnt Rabath in dieser Zeit lediglich im Zusammenhang düsterer Weissagungen. Sie werde, steht zu lesen, in die Hände der Babylonier fallen und zerstört werden. Die Prophezeihungen erfüllten sich: Die Stadt wurde nacheinander von Assyrern, Babyloniern und Persern heimgesucht. Nach dem Tod Alexanders des Großen war sie Zankapfel zwischen Ptolemäern und Seleukiden, bis der ägyptische Herrscher Ptolemäus II. Philadelphus (285 bis 246 v. Chr.) sie wiederaufbaute, hellenisierte und ihr den Namen *Philadelphia* gab. Auf zwei Intermezzi durch die Seleukiden und Nabatäer folgte als neuer Herr Herodes der Große.

Bereits kurz zuvor hatte sich die Stadt, die auf eine lange Tradition als wichtige Karawanenstation entlang der Weihrauchstraße zurückblickte und dementsprechend florierte, dem Städtebund der Dekapolis, der zehn Städte umfaßte, angeschlossen. Unter römischer Herrschaft, blühte sie noch weiter auf. So wie Bosra und Gerasa/Jerash, die beiden anderen Metropolen der Provincia Arabia, erhielt auch Philadelphia ein klassisches Gewand in Form imperialer Straßen, Häuser, Befestigungsanlagen und Tempel.

In frühbyzantinischer Zeit war die Stadt Bischofssitz, doch ihr Niedergang war nicht aufzuhalten. Sie fiel in die Hände der persischen Sassaniden (614 n. Chr.) und wenig später in jene der islamischen Eroberer (630). Unter der ersten, der omaijadischen Dynastie, spielte sie in kommerzieller Hinsicht, als Umschlagplatz für Karawanen, noch eine durchaus beachtliche Rolle. Doch im Zuge der Verlagerung des Kalifensitzes von Damaskus nach Bagdad verlor sie rapide an Bedeutung. Während der Kreuzzüge und der Mameluckenherrschaft zog das südlich gelegene Kerak alle Kräfte an sich. Die Osmanen protegierten Salt als Hauptstadt der Region. Schließlich geriet Amman vollkommen in Vergessenheit. Jahrhundertelang galt es als unbewohnt, nur ein paar Schaf- und Ziegenhirten hausten hier.

Als sich im Jahre 1878 auf Geheiß der osmanischen Regierung im Wadi Amman eine kleine Kolonie von Tscherkessen niederließ, die vor den Verfolgungen der zaristischen Truppen aus ihrer Heimat, dem Kaukasus, in den Vorderen Orient geflohen waren, entstand an der Stelle des ehemals ruhmreichen Philadelphia zumindest wieder ein von rund 2000 Menschen bewohntes Bauerndorf. Eine Generation später hatten sich zu den Tscherkessen syrische und palästinensische Händler gesellt, war Amman zu einer wichtigen Station an der von Damaskus nach Medina führenden Hedschas-Bahn gewor-

Blick vom Dschebel al-Qala'a, dem Zitadellenhügel

Beim Schmauchen einer Wasserpfeife plauscht sich's gut

Die Al-Hussein-Moschee mit ihren beiden Minaretten

den, und seine Einwohnerzahl betrug schon mehrere tausend. Da wurde Amman im Jahr 1918 von den britisch-beduinischen Truppen erobert. 1922 erklärte Prinz Abdullah die „Boomtown" zur Hauptstadt des eben begründeten Emirats Transjordanien. Binnen kurzem entstanden Moscheen und Geschäfte, die zentralen Straßen wurden verbreitert und begradigt, der Raghadan-Palast errichtet.

Als 1927 ein Erdbeben die Gegend erschütterte, verließen die Wohlhabenderen ihre teilweise noch in tscherkessischer Tradition aus Lehm und Holz gefertigten Behausungen im Tal, um sich auf den umliegenden Hügeln stabile Steinhäuser zu erbauen. Aus dieser Pionierzeit stammt jene Tagebuchnotiz eines britischen Offiziers, in der er Amman als „recht groß für diesen Teil des Landes" beschrieb, mit „speziell geformten, außen weiß getünchten Häusern, von denen viele an Schweizer Chalets und andere an irische Bauernhöfe erinnern."

Eine explosionsartige Entwicklung nahm die Stadt nach dem Zweiten Weltkrieg: 1946 erlangte Transjordanien formell seine Unabhängigkeit. Der bisherige Emir und nunmehrige König erklärte 1950 zugleich mit der Angliederung der Westbank an sein Reich Amman zur Hauptstadt. Fortan betätigten sich die ansässigen Kaufleute als Zwischenhändler für Produkte aus dem Westjordanland. Ihre Gewinne stiegen und stiegen. Massive Landflucht setzte ein. Zudem strömten 1948/49 und dann nochmals nach dem Sechstagekrieg (1967) Hunderttausende palästinensischer Flüchtlinge in die Stadt, deren Fläche allein während des Ölbooms in den siebziger Jahren von 21 auf 54 km^2 wuchs. Heute, nachdem es im Zuge des Libanonkriegs Beiruts Rolle als wirtschaftliche Drehscheibe des Nahen Osten übernommen hat und nachdem 1991 in Folge des Golfkriegs 300 000 Jordanier und Palästinenser aus Kuwait in ihre Heimat zurückgekehrt sind, zählt Amman über 1,5 Mio. Einwohner. Längst wurden ehemalige Vororte von dem großen Ballungsraum vereinnahmt. Die Abhänge der Hügel sind übersät von modernen Reihenhäusern und Villenkolonien aus Kalkstein. Und im Stadtzentrum säumen imageträchtige moderne Geschäfts- und Bürozentren viele der breiten Straßen.

Stadtbesichtigung

Auf den ersten Blick würde man in dieser recht uniformen, ja bisweilen geradezu amerikanisierten Umgebung wohl nicht vermuten, daß man sich auf so historischem Boden befindet. Doch man muß sich nur einmal nach „Downtown" begeben, in die von Verkehrsstaus und Hitze geplagte Talsohle. Hier liegt Ammans zentraler Markt, der

Suq ❶. Und hier hat einen der wunderbar quirlig chaotische Orient wieder. Obst und Gemüse, lebendige Hühner, Gewürze und sündhaft süße Klebrigkeiten werden da feilgeboten, und vielerlei Souvenirs – vom betörenden Parfum und geschnitzten Kamel bis zur *arjila,* der Wasserpfeife und der *keffiye,* dem schwarzweiß karierten Kopftuch der Palästinenser. Im Goldsuq glitzern 24karätige Schätze für Hals, Ohren, Finger und Brust um die Wette. Schon hier werden jedem Neuankömmling die bemerkenswerte Freundlichkeit der Menschen und ihre erstaunlich guten Englischkenntnisse auffallen.

Die Orientierung fällt in Amman anfangs nicht immer leicht. Zwar sind alle Straßen beschildert, aber im Volksmund heißen die meisten völlig anders. Prägnantes Beispiel: Die *Abu Bakr as-Siddiq Street* kennt jedermann nur als *Rainbow Street* (Regenbogenstraße). Von den insgesamt sieben Hügeln (arab.: *Dschebel*) sind vier unmittelbar um den Stadtkern gruppiert – *Dschebel al-Qala'a, al-Hussein, al-Ashrafiyah* und als in der Stadtstruktur zentraler Berg, der *Dschebel Amman.* Zwecks Orientierungshilfe hat man entlang der Hauptstraße, die vom alten

Stadtkern in das elegante Regierungs-, Banken- und Hotelviertel auf dem Dschebel Amman und weiter westwärts führt, die Kreisverkehre *(circles)* von eins bis acht numeriert, wobei es sich vom vierten an um ganz normale, ampelgeregelte Kreuzungen handelt.

Das riesige Römische Theater faßt mehr als 6000 Zuschauer

Folgt man vom Suq aus dem üblichen Kanon an Sehenswürdigkeiten, steht zuerst in nächster Nähe die **Al-Hussein-Moschee** ❷ auf dem Programm, eine große, jedoch etwas schmucklose, mit zwei runden, verschiedenartigen Minaretten versehene Moschee, die im Jahr 1924 errichtet wurde. Unmittelbar dahinter erheben sich die monumentalen Reste des **Nymphäums** ❸, des Prachtbrunnens der ehemaligen Römerstadt. Leider sind sie von modernen Gebäuden verbaut und demnach nur sehr schwer zugänglich.

Tip für eine Kaffeepause in stimmungsvoller Umgebung: das *Café der Arabischen Legion,* das hinter der Hussein-

❶ Suq
❷ Al-Hussein-Moschee
❸ Nymphäum
❹ Römisches Theater
❺ Odeon
❻ Archäologisches Museum
❼ Zitadelle
❽ König-Abdullah-Moschee
❾ Abu-Darwish-Moschee

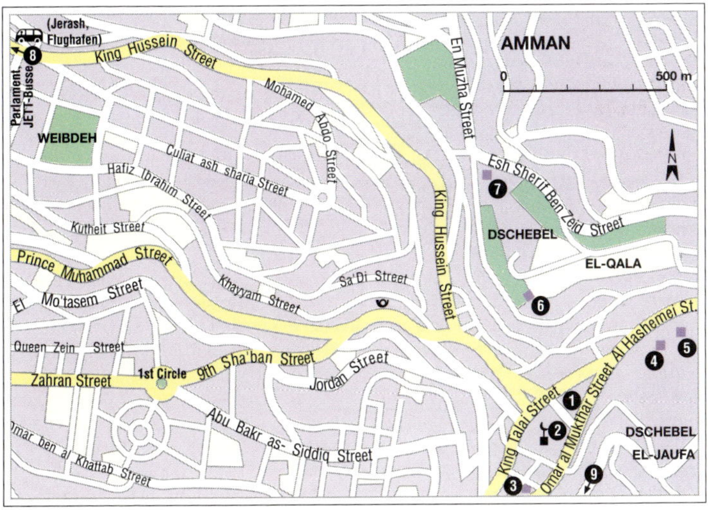

Moschee liegt und von dort aus über eine steile Treppe zu erreichen ist.

Weit imposanter (und müheloser zu besichtigen) ist das im zweiten nachchristlichen Jahrhundert erbaute

* **Römische Theater ❹**. Es wurde 1957 freigelegt und mustergültig restauriert. Das Theater faßt mit seinen insgesamt 44 Reihen rund 6000 Zuschauer und fand in den letzten Jahren – auch dank seiner exzellenten Akustik – häufig als Freilichtbühne Verwendung.

In seinen Seitenräumen birgt es zwei sehenswerte kleine Sammlungen: Das **Folkloremuseum** (☎ 65 17 42; 🕓 tgl. außer Di 9–17, Fr und Fei 10–16 Uhr) vermittelt Einblicke in die traditionellen Lebensformen der Jordanier, indem es in einem Beduinenzelt und einem nachempfundenen städtischen Wohnzimmer alte Möbel, Waffen, Haushaltsgeräte, Musikinstrumente sowie Arbeitsutensilien von Stickern, Sattlern und Teppichwebern präsentiert. Im **Museum für jordanisches Brauchtum** (☎ 65 17 60; 🕓 s. Folkloremuseum) können Sie Trachten, Schmuck und Fragmente byzantinischer Mosaike bewundern.

Rechts neben dem Theaterausgang, an der östlichen Kolonnade des Forums, stößt man auf das **Odeon ❺**. Etwa zur selben Zeit wie das Theater entstanden, diente es hauptsächlich für Musikveranstaltungen.

Nächste Pflichtstation auf jeder Stadtbesichtigung ist der sich nördlich des Stadtzentrums erhebende Zitadellenhügel, der

* **Dschebel al-Qalaà.** Energiegeladene erklimmen ihn per pedes. Bequemer – und angesichts des noch zu erwartenden innerstädtischen Bergaufs und Bergabs vorzuziehen – geht's freilich im Taxi.

Die Straße endet vor dem **Archäologischen Museum ❻**. Obwohl relativ bescheiden in seinen Ausmaßen, birgt es eine durchaus respektable Sammlung wichtiger Funde quer durch die Epochen der örtlichen Geschichte. Da finden sich unter anderem ein prähistorischer Schädel aus Jericho (geschätztes Alter: 6000 Jahre), eine Kopie der Stele des moabitischen Königs Mescha (s. S. 13), bronzezeitliche Sarkophage, Keramikstatuetten aus dem ersten vorchristlichen Jahrhundert, alt- und jungsteinzeitliche nabatäische, römische, byzantinische und islamische Objekte (☎ 63 87 95; 🕓 tgl. außer Di 8–17 Uhr).

Im Südwesten an das Museum angrenzend sind auf einer höher gelegenen

Ein Hort der Tradition

12 km südlich von Amman (vom 7. Kreisverkehr dem Weg zum Queen-Alia-Flughafen folgen) wartet auf den Besucher eine Attraktion der besonderen Art: ein historisches, überaus stilvoll restauriertes und zum Leben erwecktes Dorf. Von zwei Händlern, dem Bruderpaar Saleh und Ibrahim Abu-Jaber gegründet und „Kan Zaman", auf deutsch „Es war einmal", benannt, bietet es ein architektonisches Gesamtkunstwerk aus alten Wohnungen, Lagerhäusern, Stallungen und einem gepflasterten, von Läden gesäumten Innenhof. Im Restaurant und Kaffeehaus offeriert man ausgezeichnetes arabisches Essen, Beduinenkaffee und Wasserpfeifen. Man kann Handwerkern bei ihrer traditionellen Arbeit über die Schulter schauen, im Gewürzbasar wohlduftende Schätze und in den Basarläden exquisites Kunsthandwerk – Stickereien, Schmuck, Gläser etc. – kaufen. Die Höhe der Preise steht freilich jener der Qualität um nichts nach.

Kan Zaman Village, P.O. Box 408, Amman, ☎ 73 64 49, 📠 66 99 05.

Terrasse die Reste eines aller Wahrscheinlichkeit nach Herkules geweihten **Tempels** zu sehen. Er datiert in die Regentschaft Kaiser Mark Aurels, also in die zweite Hälfte des zweiten nachchristlichen Jahrhunderts. Die eigentliche Attraktion des sakralen Ortes ist freilich das Panorama, das man von hier auf die Stadt genießt. Knapp 100 m weiter nördlich haben schon vor siebzig Jahren italienische Archäologen die Reste einer dreischiffigen byzantinischen **Basilika** freigelegt.

Der Kernbau der **Zitadelle ❼** (arab.: al-Qasr, liegt im Zentrum des Hügels. Bezüglich der Funktion dieses als Ruine erhaltenen quadratischen Gebäudes ist die Fachwelt noch am Rätseln. War es ein dem Palast vorgebauter Empfangssaal? Eine Kirche? Ein Schloß? Eine Moschee? Einig ist man sich lediglich über die annähernde Entstehungszeit – das 6. oder 7. Jh.

Zwei markante Sehenswürdigkeiten seien am Ende der Stadttour noch erwähnt: zum einen die **König-Abdullah-Moschee ❽**, die größte und dank ihrer blauen Kuppel auch schönste, erst 1988 fertiggestellte Moschee der Stadt (an der Sulayman an-Nabulsi Street); zum anderen Ammans zweite Hauptmoschee, die schwarzweißgestreifte **Abu-Darwish-Moschee ❾**. Von ihr hat man einen wunderschönen Blick auf die Stadt, denn der Dschebel al-Ashrafiyah, auf dem sie steht, ist der höchste der sieben Hügel.

Ein verlockendes Ziel für diejenigen, die einen nur zwei- bis dreistündigen Ausflug aus der Stadt unternehmen wollen, ist das 10 km westlich gelegene **Wadi es Sir.** Eine enge Straße führt durch das ebenso fruchtbare wie malerische Tal. An seinem Anfang sieht man rechter Hand einen *Aquädukt* aus römischer Zeit und kurz darauf eine in den Fels geschlagene, dreistöckige Fassade, die – entgegen ihrem Namen *ed-Deir* („Kloster") – vermutlich Teil eines spätantiken Taubenschlags war. Am Ende des Tals liegt der Ort

Blickfang über Wohnhäusern: die Abu-Darwish-Moschee

Auf einer Terrasse ragen die Reste des Herkulestempels auf

Im Touristenort Khan Zaman Village, südlich von Amman

** **Iraq el-Amir,** was auf deutsch so viel wie „Höhle des Prinzen" bedeutet. Die Burg *Qasr el-Abd* („Burg des Sklaven") existierte bereits in ammonitischer Zeit. Sie hieß *Birtha* und wurde, so berichtet der Chronist Flavius Josephus, im zweiten vorchristlichen Jahrhundert von den Nachkommen des Juden Tobias, eines persischen Statthalters aus dem 5. Jh., errichtet. Die Mauern des 40 m langen, 20 m breiten und 18 m hohen späthellenistischen Baus stürzten bei einem Erdbeben ein. Aber unter der Obhut eines französischen Archäologen wurde er samt seinen bemerkenswert feinen Löwenreliefs in vieljähriger Kleinarbeit wieder aufgebaut.

Praktische Hinweise

Tourismusministerium (Ministry of Tourism and Antiquities), Dschebel Amman, nahe dem 3. Kreisverkehr (3rd Circle), ☎ 64 23 11 oder 64 23 12, P.O. Box 224, Amman.

Queen-Alia-Flughafen, ca. 35 km südlich (Busverbindung).
Von der JETT-Bus-Station, King Hussein Street, 500 m hinter der Abdali-Haltestelle, gehen regelmäßig Busse nach Petra, Aqaba, Wadi Rum.

Jede halbe Stunde Abstand fahren die Flughafenbusse zwischen 6.30 und 22 Uhr zwischen dem Queen-Alia-Flughafen und der Abdali-Haltestelle. Mini- und Regionalbusse mit Fahrtzielen im Norden und Westen (Irbid, Jerash und Ramtha) fahren von der Abdali-Haltestelle ab. Es gibt keinen Fahrplan – die Busse fahren, wenn sie voll sind. Die Busse in Richtung Süden gehen von der Wahadat-Haltestelle am Verteilerkreis „Middle East-Circle" ab.

Hotels

Jordan Inter-Continental, Dschebel al-Amman, 3rd Circle, ☎ 64 13 61, FAX 64 52 17. Beliebt wegen seines Rund-um-die-Uhr-Service und der großen Auswahl an Restaurants im Haus. $$$

Amman Mariott, Shmeisani, Isam-Aijluni-Street, ☎ 60 76 07, FAX 67 01 00. Modern, mit allem Luxus versehen und am Rand der Altstadt gelegen. $$$

Philadelphia, Dschebel al-Amman, ☎ 60 71 00, FAX 66 51 60. In diesem Fünfsternehotel, dem ehemaligen Holiday Inn, logieren gern palästinensische VIPs, etwa der PLO. Es bietet internationalen Luxusstandard. $$$

Rum Continental, Basman Street, ☎ 61 19 62, FAX 62 31 62. In Downtown Amman, mit blitzblanken Räumen, Air-condition im Sommer und Heizung im Winter. $$

Bonita Pension, Dschebel al-Amman, 3rd Circle, ☎ 61 50 60, FAX 64 95 48. Zentral gelegene, in spanisch-südländischem Stil gehaltene Pension. $$

Das Ritual des Feilschens

Für Außenstehende liegt es nahe, den Ablauf des Feilschrituals, den man in jedem Basar beobachten kann, ausschließlich mit dem Wesen der Beteiligten zu erklären. Ist doch altbekannt, daß die Menschen im Orient blumige Worte und theatralische Gesten lieben. Doch so einfach ist die Sache nicht. Zum einen wird auch bei uns im Westen um manche Güter, deren Wert nicht von vornherein feststeht, gefeilscht. Denken wir nur an Löhne, Immobilien, Antiquitäten oder Gebrauchtwagen. Zum anderen werden auch im Basar Dinge wie etwa Grundnahrungsmittel oder billige Konsumgüter zu Fixpreisen gehandelt. Außerdem schadet Feilschen in vielen Fällen dem Prestige.

Die Hauptgründe für diese Form des Handelns liegen vielmehr in den sozialen und wirtschaftlichen Rahmenbedingungen: Ein Kennzeichen der traditionellen Basarökonomie ist nämlich der ständige Mangel an objektiver Information. Es existieren weder Massenmedien, die über Angebot und

Cliff Hotel, vis-à-vis dem „Seiko Corner“, ☏ 62 42 73. Preiswerte, gut geführte und saubere Bleibe. Zusatzplus: die Möglichkeit, im Sommer auf dem Dach im Freien zu schlafen. $

Restaurants

As-Sahn al-Dimashq, Shmeisani, ☏ 66 36 16. Hervorragende arabische Küche, besonders empfehlenswert ist die große Auswahl an Vorspeisen. $
Forte Grand-Hotel, Shmeisani, Queen Nur Street, ☏ 6 96 51. Gute levantinische Speisen und ein Angebot hochwertiger Weine von der Westbank. $
Romero, Dschebel al-Amman, vis-à-vis dem Inter-Continental, ☏ 6 64 42 27. Gelüste auf italienische Küche werden hier befriedigt. $

Die Reste der Burg Qasr el-Abd mit ihren feinen Löwenreliefs

Nachfrage, über Qualität und Preise von Waren berichten noch Organisationen zur Marktforschung und zum Konsumentenschutz.

Für gewöhnlich sind im Einzelhandel Warenzeichen oder Güteklassen unbekannt und Maße und Gewichte nur unzureichend vereinheitlicht. Da in Ländern wie Jordanien bis vor ein, zwei Generationen die meisten Einheimischen Analphabeten waren – und dies in vielen anderen arabischen Ländern immer noch sind –, bedienen sich die Menschen bis heute einer Strategie, die auf dem mündlichen Austausch von Daten basiert.

So testet der Käufer zuerst einmal das aktuelle Preisniveau, indem er verschiedene Händler unverbindlich nach Preisen befragt. Wo er auf das günstigste Angebot stößt, beginnt er zu feilschen. Ziel des Verkäufers ist es dabei, einen Stammkunden zu gewinnen, Ziel des Käufers, mit einem vertrauenswürdigen Händler eine dauerhafte Beziehung aufzubauen, um künftig zeitsparend, ohne lange Verhandlungen einkaufen zu können.

Von ein paar Tricks, derer sich beide Seiten dabei bedienen, können auch Touristen durchaus profitieren: So fahren Frauen beim Feilschen in der Regel besser, weil sich die Galanterie der Händler gern in Großzügigkeit zu äußern pflegt.

Aber auch die Tageszeit spielt eine Rolle: Am frühen Nachmittag lähmen oft Hitze und manchmal auch Haschisch die Lust des Händlers am verbalen Zweikampf.

Die allergrößte Chance auf ein Schnäppchen besteht kurz vor dem Abendgebet. Denn einer alten Sitte gemäß wird dem letzten Einkäufer des Tages ein Rabatt gewährt.

Daß die Preise trotz so komplizierter Entscheidungsstrukturen tagtäglich von neuem exakt das Verhältnis von Angebot und Nachfrage widerspiegeln, empfand schon der Prophet Mohammed als Wunder: Er wird mit dem Ausspruch zitiert, im Basar setze niemand geringerer als Gott selbst die Preise fest.

*** Petra

Weltwunder in rotem Fels – die alte Hauptstadt der Nabatäer

Als „rosarote Stadt, halb so alt wie die Zeit" hat ein britischer Dichter sie einst bezeichnet, und als „Sarkophag einer uralten Zivilisation" ein anderer. Die metaphorischen Umschreibungen waren nicht übertrieben. Tatsächlich sind die Ruinen von Petra, der 2000 Jahre alten Handels- und Königsstadt der Nabatäer, eines der großartigsten und zugleich rätselhaftesten architektonischen Wunder der Welt. Hätte man in Jordanien nur für eine einzige Besichtigung Zeit, die Wahl müßte unbedingt auf Petra fallen. Um jedoch wenigstens die wichtigsten der über ein weites Areal verstreuten Denkmäler Petras kennenzulernen, sollte man sich unbedingt zwei Tage Zeit nehmen und in einem der seit einigen Jahren wie Pilze aus dem Boden schießenden Hotels am Eingang zum Talkessel übernachten.

Geschichte

Bereits lange vor der Antike bildete die Arabische Halbinsel eine Drehscheibe des Welthandels. An ihrer Südküste und im Norden des heutigen Somalia wuchsen die für die religiösen Riten der Ägypter und Babylonier so unverzichtbaren Aromastoffe Myrrhe und Weihrauch. Schon die Untertanen der legendären Königin von Saba und deren Nachbarn aus den angrenzenden Vasallenreichen zogen aus diesem Reichtum Profit. Sie organisierten auf Handelswegen, die von Südarabien über das jemenitische Bergland, durch den Hedschas und das Jordantal bis an die Küste des Mittelmeers führten, den Nachschub und betätigten sich außerdem als Zwischenhändler für Güter aus Indien.

Um 300 v. Chr. entstand dann auf dem Gebiet des heutigen Jordanien ein in seiner Art einmaliger Karawanenstaat: Das Wüstenvolk der Nabatäer war im Zuge der durch die Babylonische Gefangenschaft der Juden ausgelösten regionalen Völkerwanderung in das Gebiet zwischen Aqaba und dem Toten Meer geströmt. Anfangs hauptsächlich als Karawanenräuber aktiv, betrieben sie bald selbst den Ferntransport im großen Stil. Sie schufen einen Sicherheitskordon mit Wachposten, bewachten Brunnen und legten an den Kreuzungen der Straßen Warendepots an. In der Oase Hegra pflegten sie das duftende Räucherwerk von den Südarabern zu übernehmen. Von dort schleppten ihre Kamelkolonnen die Ware in dreißig bis vierzig Tagesmärschen entweder über die Weihrauchstraße bis zu den Häfen Gaza oder Rhinocolura, dem späteren el-Arish, oder tiefer im Landesinneren durch das Wadi Sirhan nach Bosra und Damaskus.

Im letzten vorchristlichen Jahrhundert erreichte der nabatäische Staat unter Aretas III. seine größte Ausdehnung. Damals standen sogar die syrischen Städte Damaskus und Bosra unter seinem Einfluß. Es war ein seltsamer Staat ohne eigentliche Grenzen, ohne Steuerpflichten, soziale Unruhen und mit nur wenigen Sklaven – ein ungewöhnlich friedlicher Staat, dessen Streben einzig dem Gewinn durch Handel galt und dessen Stärke darin bestand, daß er die Erzeuger und die Verbraucher der von ihm beförderten Ware konsequent getrennt halten konnte. Zudem vermochten die Nabatäer mit großem diplomatischem Geschick militärischen Konfrontationen aus dem Weg zu gehen. Schon bei ihrer Ankunft in dieser Gegend, vermutlich im dritten vorchristlichen Jahrhundert, zogen sie es vor, sich der ansässigen Urbevölkerung, den Edomitern, zu assimilieren, statt sie zu verdrängen. Auch auf die wenig später erfolgenden Angriffe des syrischen Diadochen Antigonus reagierten sie, wie der griechische Geschichtsschreiber Strabo berichtet, nicht mit einer Gegenattacke, sondern mit dem Rückzug in die unwegsamen Berge, worauf sie den Feind mit großzügigen Geschenken beruhigten. Und auch mit den römischen Feldherren, die zweimal – 63 und 25 v. Chr. – zur Eroberung Nordarabiens antraten, einigten sie sich lieber durch Verhandlungen als durch Schlachten.

Die berühmte Königswand birgt imposante Fassadengräber

Der Erfolg dieser Strategie geriet erstmals nach dem Jahre 106 in Gefahr, als die Römer den Norden der Halbinsel zur Provincia Arabia erklärten und die Schiffahrt auf dem Roten Meer forcierten. Doch endgültig verloren die Nabatäer ihr Monopol erst im dritten nachchristlichen Jahrhundert mit dem Aufstieg Palmyras zur führenden Handelsmacht beziehungsweise durch das Eindringen neuer Nomadenstämme. Letztere forderten anfangs nur Schutzabgaben. Allmählich jedoch nahmen sie den innerarabischen Landtransport selbst in die Hand. Als Palästina schließlich im 7. Jh. der islamischen Eroberung anheimfiel, versank das einstmals mächtige Handelsimperium endgültig in Vergessenheit. Und mit ihm verblaßte auch die Erinnerung an ihre wundersame Hauptstadt.

Zwischen den hoch aufragenden Felsen des Siq

Diese ihre Hauptstadt – sie hieß **Petra,** was im Griechischen „Fels“ bedeutet – hatten die Nabatäer in 950 m Seehöhe, hoch über dem Wadi Araba, in jenen weichen nubischen Sandstein gehauen, aus dem ein Teil des Randgebirges östlich des Grabenbruchs zwischen Totem und Rotem Meer besteht. Aus mehreren Gründen war dieser Ort prädestiniert: Zum einen bot die sogenannte Mosesquelle, die am Ortseingang des Wadi Musa, dem „Mosestal“, aus dem verkarsteten Kalkboden entspringt, die Lebensgrundlage in dieser Wüstenei. Zum anderen gewährleistete die Abge-

Typisch: die marmorierten Felsformationen und Maserungen im Gestein

schiedenheit des Hochtals die nötige Sicherheit und die verkehrsgünstige Lage nahe der Königsstraße gleichzeitig die strategisch dominierende Position im Transitgeschäft des Vorderen Orients.

Die Kombination aus grandiosen Baudenkmälern der Antike und einer ebenso grandiosen Gebirgslandschaft macht aus Petra nicht nur die größte Sehenswürdigkeit Jordaniens, sondern eine der phantastischsten Ruinenstätten der Welt überhaupt. Seit der Schweizer Orientreisende Johann Ludwig Burckhardt (1784–1817) im Sommer des Jahres 1812 dieses Weltwunder als erster Europäer wiederentdeckte (s. S. 42), haben Archäologen hier über 800 Denkmäler verzeichnet – zahlreiche Gräber, mehrere Tempel, Opferplätze, Bäder, Brunnen und Kanäle, Mauern und Türme zur Verteidigung, eine Säulenstraße, ein Theater …

Stadtbesichtigung

Ausgangspunkt einer jeden Erkundungstour in die Felsenstadt ist das neben dem Visitor's Centre, dem Besucherzentrum, in dem man offizielle Führer anheuern kann, gelegene staatliche **Resthouse.** Hier erhalten Sie schon einen ersten Vorgeschmack auf die zu erwartende nabatäische Architektur, denn in das Gebäude integriert ist ein monumentales, el-Khan, also ein Karawanserei, genanntes nabatäisches Grab, dessen Säulenhof in die Hotelhalle und dessen Grabkammer in eine Bar verwandelt wurde.

Die nächsten Denkmäler tauchen ein paar hundert Meter hinter dem Resthouse am rechten Wegrand auf – drei Djin-(Geister-)Blöcke, die von Experten lange Zeit für Wasserspeicher gehalten wurden, jedoch höchstwahrscheinlich einen besonders frühen Grabtypus darstellen. Vis-à-vis sieht man das von vier pyramidalen Pfeilern bekrönte Obeliskengrab sowie ein Triklinium, also einen Versammlungs- und Gedenkraum. Wenig später verengt sich der von Sand und Geröll bedeckte, abschüssige Weg zu einer schmalen Schlucht, dem legendären

** **Siq,** der von alters her den Hauptzugang in die Metropole der Nabatäer bildete. Am Eingang des Siq befand sich schon vor 2000 Jahren ein Damm, der die Hauptstadt vor winterlichen Flutwellen schützte. Nachdem hier 1968 28 Menschen in einer jähen Sturzflut ertrunken waren, errichtete man nach antikem Vorbild erneut ein Wehr. Seither leitet der von den Nabatäern gegrabene Tunnel im Notfall die Wassermassen in ein Seitental ab.

Bis vor kurzem standen gehfaulen Touristen für den Weg durch den rund 3 km langen Siq Pferde zur Verfügung. Der Staub, den die Hufe ständig aufwirbelten, störte den Gesamteindruck jedoch stark, und seit die Tiere aus der Schlucht verbannt sind, kommt die Großartigkeit dieses Naturwunders viel besser zur Geltung. Für ältere Menschen sind zehn doppelsitzige Kutschen vorhanden.

Bis zu 70 m hoch ragen die Wände zu beiden Seiten des Weges, der im Altertum übrigens mit Kalksteinplatten gepflastert war, fast lotrecht empor. Stellenweise ist er gerade 2 bis 3 m breit.

Die Vermutung liegt nahe, daß dieser tiefe Einschnitt im Fels das Werk von Wasser, also ein Cañon, ist. Doch Geologen sagen, daß es tektonische Kräfte waren, die hier einen kompakten Felsstock an einer Nahtlinie, gewissermaßen seiner Sollbruchstelle angegriffen und aufgerissen haben. Das Auge kann sich an der Schönheit der wilden Felsverwerfungen kaum satt sehen: Wellenförmige Längsmuster sind immer wieder von Querrillen durchbrochen. Feine Adern verleihen dem Gestein die Textur von Blättern. Entlang der linken Felswand verläuft ein künstlicher, in der Antike gemeißelter Wasserkanal, der schließlich auf die rechte Seite überwechselt und sich dort in Form von Tonröhren fortsetzt. Zu der faszinierenden Vielfalt an Formen kommt das schier unendlich variantenreiche Farbenspiel. Die Palette der Schattierungen reicht von einem teils matten, teils metallischen Grau über Hellbraun bis zu leuchtendem Rostrot, in das sich zusätzlich gelbliche, bläuliche und grünliche Töne mischen.

Kurz vor seinem Ende verengt sich der Siq ein letztes Mal. Hoch über den Köpfen berühren die Wände einander beinahe. Dann sind hinter einer Wegbiegung die ersten architektonischen Formen zu erblicken. Man tritt aus der dämmrigen Schlucht auf einen etwa 250 m langen und 70 m breiten, von hohen Felswänden umschlossenen Platz und hat vor sich **Khazne Faraun** [A], das sogenannte Schatzhaus des Pharao, dessen rötliche Front besonders wirkungsvoll im Licht der frühen Morgensonne aufleuchtet. Fast 40 m mißt diese mächtige, in den Fels gemeißelte Fassade von der Säulenbasis bis zur bekrönenden Urne.

So flexibel die Nabatäer als gelerntes Händlervolk in der Diplomatie agierten und auch mit ihrer Sprache umgingen

[A] Khazne Faraun
[B] Straße der Fassaden
[C] Obelisken
[D] Hoher Opferplatz
[E] Löwenbrunnen
[F] Gartentempel
[G] Grab des römischen Soldaten
[H] Theater
[I] Urnengrab
[J] Seidengrab
[K] Korinthisches Grab
[L] Palastgrab
[M] Mausoleum des Sextius Florentius
[N] Nymphäum
[O] Cardo Maximus
[P] Bäder
[Q] Tempel der geflügelten Löwen
[R] Temenostor
[S] Qasr al-Blint
[T] Museum
[U] Kolumbarium

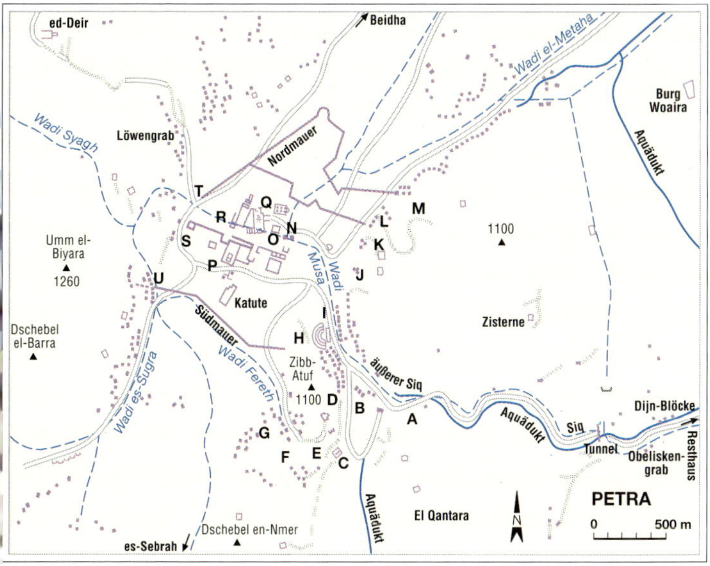

(sie nahmen immer wieder Elemente aus anderen Sprachen in ihren aramäischen Vokabelschatz auf), so flexibel erwiesen sie sich auch als Architekten. Sie verquickten ihre ursprünglichen arabisch-semitischen Bauformen gekonnt mit ägyptischen und hellenistischen Einflüssen. Bestes Beispiel für dieses Stilgemisch ist die rund 40 m hohe, 28 m breite zweistöckige Fassade des Schatzhauses. In ihr sind klassische Elemente, etwa die sechs korinthischen Säulen samt Giebel und Attika, mit nabatäischen (etwa die Kapitelle), mesopotamischen (die Zinnen) und phönizischen Elementen kombiniert. Dazu ist die Fassade mit diversen Götterstatuen, Tierskulpturen und mythologischen Figuren geschmückt. Kein Wunder, daß sowohl die Entstehungszeit als auch der Zweck des Bauwerks Rätsel aufgaben: Nabatäisch oder römisch? Tempel oder Grab? Die Expertendiskussionen waren endlos. Immerhin ist mittlerweile der Grabcharakter kaum noch umstritten. In der Frage der Datierung schwanken die Angaben aber bis heute zwischen dem Anfang des ersten vorchristlichen und der Mitte des zweiten nachchristlichen Jahrhunderts.

Nach dem Khazne Faraun verbreitert sich das Tal. Der Äußere Siq lenkt den Besucher vorbei an der **Straße der Fassaden** [B]. Schlichte, strenge Formen wechseln mit üppig barocken Elementen ab. Einmal besteht das Dekor nur aus ein paar Zinnen- und Treppenfriesen, ein andermal sind Säulen, Giebel, Nischen und Friese zu vielteiligen Kompositionen verknüpft. Halbverschüttete Portale lassen vermuten, daß das Wegniveau zur Blütezeit vor 2000 Jahren deutlich tiefer gelegen haben muß.

Ungefähr 300 m nach dem Schatzhaus führen abgetretene Stufen linker Hand durch eine kleine Seitenschlucht, das **Wadi Mataha,** auf einen Sattel. Folgt man von hier der Markierung, einem blauen Quadrat, erreicht man nach weiterem Anstieg einen Grat namens Zibb Atuf, was korrekterweise mit „barmherziger Phallus“ zu übersetzen ist. Hier ragen zwei 7 m hohe **Obelisken** [C] in den Himmel – Symbole für die Seelen der Toten. Sie wurden aus dem natürlichen Fels gearbeitet, indem man die Bergspitze einfach abtrug.

Vis-à-vis, auf dem Gipfel des Dschebel (dt.: Berg) Madbah, liegt in 1035 m Seehöhe, 190 m über dem tiefsten Punkt der Stadt der **Hohe Opferplatz** [D] (arab.: al-Madbah), eine Weihestätte, wie man sie sich großartiger gelegen kaum vorstellen kann.

Der Ausblick reicht über das Tal von Petra, in dem übrigens Steven Spielberg Teile seines Filmes „Indiana Jones und der letzte Kreuzzug“ drehte, bis zum Dschebel Umm el-Biyara und weiter bis zum Dschebel Harun. Aller Wahrscheinlichkeit nach haben die Nabatäer diese religiöse Anlage von den Edomitern erobert. Sie umfaßte einen zentralen Platz mit zwei Opferaltären samt Abflußrinnen für das Blut der geopferten Tiere und einer kleinen Anhöhe, auf der die Gläubigen ihre Gaben deponierten. Daneben stießen Archäologen auch auf Wasserkanäle und ein Becken, in dem Reinigungsrituale abgehalten wurden.

Vom Opferplatz steigt man über steile Felstreppen in das **Wadi Farasa** hinunter und passiert dabei den **Löwenbrunnen** [E], der über eine Rinne die daruntergelegene Stadt mit Wasser versorgte. Nächster Besichtigungspunkt ist der **Gartentempel** [F] mit seiner Zisterne, von der aus sich das Wasser auf ein Netz aus Kanälen, Tonröhren und Reservoirs verteilte. Weiter talwärts kommt man am **Grab des römischen Soldaten** [G], das drei Statuen in römischen Uniformen zieren, sowie mehreren anderen Gräbern vorbei, ehe der Weg in das Zentrum der ehemaligen Altstadt mündet. Für den gesamten, doch recht schweißtreibenden Fußmarsch über den Hohen Opferplatz sind etwa drei Stunden anzuberaumen.

Aber zurück zum Äußeren Siq: Dort liegt, gleich hinter der Abzweigung zum Opferplatz, linker Hand das **Theater** [H]. Zwischen 7000 und 8500 Menschen hatten auf den vierzig in den Fels geschlagenen Rängen Platz, die nach guter alter römischer Tradition als halbkreisförmige Orchestra angelegt sind. Schon die Nabatäer hatten hier ein Theater gebaut, aber seine heutige Größe gaben ihm die Römer, die dazu ohne Skrupel viele ältere Gräber dem Erdboden gleichmachten. Trainierte Kletterer können übrigens von hier in der Direttissima zum Hohen Opferplatz gelangen. Beim Aufstieg lassen sich in den Abhängen etliche Wasserleitungen und -rinnen erkennen. Eine Theorie besagt, das Halbrund des Theaters habe in byzantinischer Zeit als städtisches Wasserreservoir gedient.

Schräg gegenüber dem Theater führt eine Treppe hinauf zu Petras imposantesten Fassadengräbern – in die sogenannte **Königswand.** In den zwölf Mausoleen, die dort in den Fels gehauen sind, wurden vermutlich nabatäische Könige beigesetzt. Den größten Eindruck hinterläßt das **Urnengrab** [I] mit seinen riesigen Eckpfeilern und Halbsäulen sowie einer mehrstöckigen, von einem mächtigen Giebel bekrönten Fassade. Es wird oft fälschlicherweise als Gerichtsgebäude bezeichnet. Manche Forscher sehen darin das Grab des Königs Malichus II. Fest steht, daß der Bau 446 zur Kathedrale von Petra geweiht und seine Grabnischen an der Rückwand des Felssaales zu Apsiden ausgewölbt wurden. Vorbei am **Seidengrab** [J], so genannt nach der bunten Maserung seiner Steinfassade, führt der Weg zum **Korinthischen Grab** [K]. Nördlich davon liegt in unmittelbarer Nachbarschaft das dreistöckige imposante **Palastgrab** [L] und, gut 300 m entfernt, das **Mausoleum des Sextius Florentius** [M] – seines Zeichens Statthalter, der unter Kaiser Hadrian (117–138) die Provincia Arabia verwaltete.

Steigt man wieder hinab zum Äußeren Siq und folgt ihm das Wadi Musa entlang Richtung Westen, gelangt man am **Nymphäum** [N], dem öffentlichen

Rundaltar auf dem Hohen Opferplatz

Vor der Kulisse des Römischen Theaters wirken Pferd und Reiter winzig klein

Brunnen, vorbei mit wenigen Schritten zur römischen Kolonnadenstraße, dem **Cardo Maximus** [O]. Dieser einstige Boulevard der Stadt wurde mindestens bis ins 6. Jh. benutzt. Rechts und links sind noch Teile von Häusern, Palästen, Tempeln, Läden und Markthallen zu erahnen. Das Areal zur Linken haben Experten als einstiges **Forum** (Marktplatz) identifiziert. Ein Stück weiter westlich auf derselben Seite erstrecken sich die ehemaligen **Bäder** [P], und dahinter hat eine einsame Säule, von den Beduinen **Zibb Faraun,** „Phallus des Pharao" genannt, alle Widrigkeiten wie Erdbeben und Plünderer aufrecht überstanden.

Jenseits des Cardo haben amerikanische Archäologen die Überreste eines Heiligtums freigelegt, das aufgrund figürlich gestalteter Kapitelle die Bezeichnung **Tempel der geflügelten Löwen** [Q] trägt.

Das dreiteilige, in Fragmenten erhaltene **Temenostor** [R], das die Säulenstraße in ihrer ganzen Breite abschloß, markiert die Grenze zwischen profanem und sakralem Bereich. 114 n. Chr. zu Ehren Kaiser Trajans errichtet und ursprünglich mit Holztüren versehen, diente es zugleich als Triumphbogen und als Eingangstor in den Temenos, den 200 m langen Tempelbezirk. Dessen Ende bildet **Qasr al-Bint** [S], den die örtlichen Beduinen auf Qasr al-Bint Faraun, „Palast der Tochter des Pharao", umtauften. Der Tempel, 23 m hoch und Petras einziges völlig freiste-

Blick auf das Schatzhaus des Pharao

Die (Wieder-)Entdeckung Petras

Es war im Sommer des Jahres 1812, als sich ein junger Schweizer namens Johann Ludwig Burckhardt auf dem beschwerlichen Weg durch die Levante nach Kairo befand. Der zu dieser Zeit 25jährige hatte in Aleppo Koranwissenschaften und Arabisch gelernt und plante, im Auftrag und auf Kosten der African Association, einer britischen Forschungsgesellschaft, von Ägypten aus das Innere Schwarzafrikas, insbesondere die Quellen des Flusses Niger zu erkunden. Als er in jenem Sommer durch das Ostjordanland ritt, erzählten ihm Beduinen von einer geheimnisvollen Ruinenstätte, die inmitten des unzugänglichen Wüstengebirges verborgen liegen sollte.

Seine Neugier war entfacht, doch die Führer argwöhnten, der Fremde würde sich womöglich an den Schätzen vergreifen wollen. Nur durch eine List gelang es Burckhardt, sich Zutritt zu verschaffen: Er gab sich als muslimischer Pilger aus – immerhin beherrschte er Sprache und Sitten der Einheimischen – und behauptete, ein Gelübde abgelegt zu haben, das Grab Aarons, das er in dieser Gegend vermutete, zu besuchen. Aaron wird als Harun auch im Islam hochverehrt. Der Wunsch war dem Fremden also nicht abzuschlagen.

So wanderte Burckhardt am 22. August 1812 als erster Europäer nach über sechshundert Jahren durch den Siq und bis an den Fuß des Dschebel Harun. Dort opferte er aus Gründen der Glaubwürdigkeit tatsächlich eine mitgeführte Ziege. Obwohl in höchster Zeitnot – der Anblick des Weltwunders war ihm nur einen einzigen Tag lang vergönnt, fertigte er etliche Planskizzen des Geländes und der Fassade des „Pharao-Schatzhauses" an. Seine Tagebücher, die vor allem in Großbritannien großes Aufsehen erregten, und in denen er ganz zutreffend notiert hatte, es sei „sehr wahrscheinlich, daß die Ruinen im Wadi Musa jene des alten Petra sind", wurden erst 1822 veröffentlicht – fünf Jahre nachdem Burckhardt, ohne jemals das Innere Afrikas betreten zu haben, in Kairo an der Ruhr gestorben war.

hendes Bauwerk, war das Hauptheiligtum der Stadt und demgemäß Dushara, der führenden Gottheit der Nabatäer, geweiht. Leider sind heute nur noch spärliche Reste des einst reichen Dekors mit Gipsplatten, dorischen Friesen, Rosetten und Reliefbüsten zu sehen.

Auf dem kleinen Berg westlich des Tempels, dem **el-Habis,** finden sich ein weiterer Opferplatz und auf einem Nachbargipfel die Ruine einer von den Kreuzrittern erbauten Burg. Auf dem Weg dorthin liegt das archäologische **Museum** [T]. Es wurde in einer außergewöhnlich farbenprächtig gemaserten Felshöhle, die früher auch Regenbogentempel hieß, untergebracht und birgt neben diversen Kleinfunden nabatäische Keramik sowie Reliefs und Skulpturen in hellenistisch-römischem Stil. An der Ostflanke des el-Habis verdienen noch ein unvollendetes Grab sowie das sogenannte **Kolumbarium** [U] Beachtung, ein nachträglich für Urnen oder als Taubenschlag – so genau weiß dies niemand mehr – in mehrere hundert kleine Nischen gegliedertes ehemaliges Nabatäergrab.

An dieser Stelle sei eine Bemerkung zu den Beduinen von Petra erlaubt: Bis Mitte der achtziger Jahre gehörten ihre schwarzen Zelte aus Ziegenhaar und ihre Kinder, die den Touristen aus den bewohnten Felshöhlen entgegenliefen, gleichsam zum festen Inventar des antiken Weltwunders. Und manche von ihnen halfen den Ortsunkundigen als „local guides“, in diesem Labyrinth wieder auf den rechten Weg zu kommen. Mittlerweile sind die Einheimischen mit Ausnahme jener Souvenirhändler, die Beduinentücher, rührend falsche Tonscherben oder mit buntem Sand gefüllte Fläschchen anbieten, fast völlig verschwunden. Der Grund: 1985 hat die jordanische Regierung, in der Annahme, dem Bedürfnis der Touristen entgegenzukommen, fast alle im Stadtgebiet von Petra ansässigen, bis dahin halbnomadischen Sippen in die Gegend der Nachbarortschaft al-Beidha umgesiedelt. Dort leben sie nun in kleinen, unansehnlichen Häusern aus Beton.

Doch zurück zum Berg el-Habis. Von ihm gelangt man auf einer etwa dreiviertelstündigen Wanderung zum berühmten Felsentempel **ed-Deir.**

Der einstige Prozessionsweg kreuzt zunächst auf einem Brückchen das Bett des Wadi Musa, führt sodann über etliche, teilweise recht steile Treppen zum sogenannten Löwengrab, das tatsächlich ein Gedenk- und Versammlungssaal ist, dessen Eingangsportal die Reliefs zweier Löwen zieren, und endet jenseits eines Passes auf einem großen Plateau. Dieses wird von einer wahrlich monumentalen Fassade beherrscht: ed-Deir, vermutlich ein Götterheiligtum, ist ähnlich gegliedert wie Khazne Faraun, doch mit einer Breite von 50 und einer Höhe von 45 m noch größer als das „Schatzhaus des Pharao“. Die Urne über dem Kapitell mißt 9 m! Schwindelfreie Besucher können den Rand des mittleren Runddachs erklimmen, auf dem die Urne steht (die Stufen beginnen links von der Fassade).

Vor lauter Bewunderung für das grandiose Gebäude sollte man jedoch keinesfalls die Aussicht unbeachtet lassen. Der Blick reicht von hier oben Richtung Westen bis in das 1500 m tiefer gelegene Wadi Araba hinab, durch das vom Toten bis zum Roten Meer die Grenze zwischen Jordanien und Israel verläuft. Und im Südwesten erkennt man auf der Spitze des **Dschebel Haroun** die kleine weiße Grabmoschee, in der Aaron (arab.: Harun), Moses' Bruder, seine letzte Ruhe fand (Genehmigung im Visitor's Centre neben dem Resthouse einzuholen).

Bleibt noch, jenen Petra-Besuchern, die über genügend Zeit und Kondition verfügen, eine Wanderung in die Umgebung zu empfehlen. Sie führt vom Qasr al-Bint über den schon erwähnten Dschebel el-Habis und durch das Wadi Tughra auf den 1160 m hohen Berg **Umm el-Biyara** – der Aufstieg ist schwierig, das Panorama von oben dafür aber einfach prächtig. Ein lohnender Tagesausflug ist auch die Wanderung – beziehungsweise der Ritt auf einem gemieteten Pferd oder Kamel – am Umm el-Biyara und Dschebel Haroun vorbei nach **es-Sabrah.** Auf allen Touren ist die Begleitung durch einen ortskundigen Führer dringend anzuraten!

🕓 von Petra: tgl. 5–18 Uhr (während des Ramadan 6–18 Uhr). Eintritt: 1 JD pro Person und Tag.

Ein lohnendes Wanderziel: der Felsentempel ed-Deir

Praktische Hinweise

🚌 Täglich um 6 Uhr fährt ein JETT-Bus von Amman nach Petra, von Petra nach Aqaba täglich um 5.30 und 6.30 Uhr, Minibusse täglich außer freitags zwischen 5 und 7 Uhr. Abfahrt beim Resthouse.

Ⓗ **Hotels**
Petra Forum Hotel, P.O. Box 30, Wadi Musa, Petra, ☎ (03) 63 42 00. Das älteste Haus am Platz, mit sehr guten Restaurant, hat den großen Vorteil, nahe am Siq zu liegen. $$
Tayiba Zeman, Feriendorf nahe Petra, c/o Jordan Tourism Investment Co., P.O. Box 408, Amman, ☎ (07) 5 14 78, FAX (07) 51 44 25. In einem alten Dorf wurden 95 Häuser restauriert und dienen nun als malerische und traditionsgerechte Unterkunft. $
Petra Resthouse, P.O. Box 5, Wadi Musa, Petra, ☎ (03) 33 60 11, FAX 33 66 86. Teilweise über einem Nabatäergrab errichtet, ist es ein tadelloses Quartier zu moderaten Preisen. Zusatzplus: die äußerst gastfreundliche Atmosphäre. $

Noch einmal der Felsentempel: Dach mit Urne

Ⓡ **Petra Resthouse,**
☎ 33 60 11 oder 33 60 14. Die Küche zaubert Vorspeisen, Suppen, Salate, Hauptspeisen und zahlreiche Nachspeisen auf den Tisch. Spezialtip: Eine Flasche des trockenen Weißen Marke „Bethlehem“. $

Diese Gesteinsformationen erinnern an ein Kamel

Route 1

Seite 49

Das Meer – der Fluß – die Wüste

Der Norden: Vom Toten Meer den Jordan entlang nach Jerash

Zugegeben – man muß recht früh aufstehen, um diese über 400 km lange Rundfahrt an einem Tag zu bewältigen. Belohnt werden der Aufbruch in der Dämmerung und die Ausdauer mit einem unvergeßlichen Naturschauspiel und einigen der schönsten Ruinenstätten des ganzen Nahen Ostens. Der Weg führt durch die biblische Berglandschaft westlich von Amman hinunter zum Toten Meer, durch das fruchtbare Jordantal, vorbei an den Ausgrabungen von Pella und Umm Qeis Richtung Osten in die Basaltwüste, nach Umm el-Jimal. Den kunsthistorischen Höhepunkt bilden die Ruinen der ehemaligen Römerstadt Gerasa/Jerash sowie die nahegelegene Burg Qala'at er-Rabat bei Ajlun. Wer eine eingehendere Erkundung vorhat, kann eine Übernachtung in Irbid oder Ajlun einplanen.

Die Fahrt geht von Amman auf der Zahran Street Richtung Südwesten nach **Na'ur** (s. S. 64). Von hier ist das Jordantal, das man bereits vor sich liegen sieht, über die neue Autobahn in gut einer halben Stunde zu erreichen. Erlebnisreicher, wenn auch länger, ist die Fahrt auf der alten Überlandstraße. Sie schlängelt sich durch eine grandiose, in vielerlei Farbnuancen flirrende Gebirgsszenerie talwärts, dem Toten Meer entgegen. Gleich hinter Na'ur sollte man in der *Hebron Glass Factory* einen Zwischenstopp einlegen. Hier hat man die seltene Gelegenheit, traditionelles Glasblasen live zu erleben.

Bei Kilometer 37 passiert man einen Wegstein mit der Aufschrift „Sea Level". Zirka 2 km danach tauchen rechter Hand auf dem steinernen Abhang ein Dutzend etwa 2 mal 1,5 m große Steinmale auf. Es sind die letzten Exemplare jener insgesamt 20 000 prähistorischen *Dolmen* und *Menhire*, mit denen das Ostjordanland in grauer Vorzeit übersät war. Sie sind, so genau wissen das selbst Archäologen nicht, zwischen dem 2. und 5. Jt. v. Chr. entstanden und bestehen aus drei oder vier Seitensteinen, auf denen jeweils ein oder zwei Deckplatten ruhen.

Die Lufttemperatur nimmt nun rapide zu – kein Wunder, nähert man sich doch dem mit 392 m tiefsten trockenen Punkt der Erdoberfläche.

Kurz nach den steinzeitlichen Relikten ist man von der Richtung Jerusalem führenden Hauptstraße links abgebogen und hat den Ort **Suweima** beziehungsweise wenig später das Dead Sea Spa Hotel passiert. Ein paar Kilometer und Kontrollposten der jordanischen Armee später steht man am Ufer des

****Toten Meeres.** *Al-bahr al-mayyit* oder *al-bahr al-Lut* („Meer des Lot"), wie dieses rund 75 km lange, zwischen 6 und 16 km breite und bis zu 430 m tiefe Gewässer auf arabisch heißt, verfügt über mehrere Zu-, aber keinerlei Abflüsse. Deshalb, aber auch wegen der hohen Verdunstung, beträgt sein Salzgehalt über 30 % – mehr als zehnmal so viel wie der des Mittelmeers. Und deshalb ist es auch – nomen est omen – bar jeglichen organischen Lebens. Fährt man am Fuß der moabitischen Berge auf der neuen Straße das Ostufer entlang, stößt man nach 20 km auf etliche von Bäumen umstandene heiße Quellen, die zu einem erquicklichen Bad einladen.

Ganz in der Nähe liegen die Reste von **Zara,** des in der Zeit von König Herodes dem Großen angelegten Thermalbades. Es ist auf der berühmten Palästina-Karte von Madaba (s. S. 66) als *Therma Callirhoe* eingezeichnet und unter die-

1

Seite 49

sem Namen auch in den Schriften von Plinius und Flavius Josephus erwähnt. Wer ein intensives Landschaftserlebnis sucht, sollte eines der teilweise palmenbestandenen, schluchtartigen Seitentäler durchwandern. Eine gewisse Trittsicherheit ist dafür allerdings Voraussetzung.

Die nächste Etappe auf dieser Route führt Richtung Norden in jenes Flußtal, das in der Bibel die „Steppe von Moab" und bei den Arabern *Ghor* heißt:

Die **Jordansenke** ist Teil jenes geologischen Grabenbruchs, der von der Beqaa-Ebene im Libanon über den See Genezareth, das Tote und Rote Meer bis auf den afrikanischen Kontinent reicht und sich dort als Great Rift Valley fortsetzt. Der Jordan, ein vergleichsweise schmächtiges Flüßchen, bildet seit der Antike die östliche Grenze der mediterranen Welt und in jüngerer Vergangenheit – genauer: seit 1967 – die Demarkationslinie zwischen Jordanien und der von Israel besetzten Westbank. Das am Unterlauf des Flusses rund 11 km, am Oberlauf knapp halb so breite Ostufer wird dank des vorherrschenden Treibhausklimas und seiner fruchtbaren Erde landwirtschaftlich intensiv genutzt. Das dafür dringend benötigte zusätzliche Wasser bringt der sogenannte *East-Ghor-Kanal* vom Grenz-

Aus dem Toten Meer ragen regelrechte Salzkrusten hervor

Gesund urlauben: nach dem Heilschlammbad im Salt Land Village

Tips

Ein Badeerlebnis der speziellen Art hat, wer in die Fluten des Toten Meeres steigt. Denn der extrem hohe Salzgehalt verschafft dem Körper weit mehr Auftrieb als üblich. Ergebnis: Man ragt zwar zu weit aus dem Wasser, um wirkliche Schwimmtempi zustande zu bringen. Dafür kann man sich ohne die geringste Anstrengung auf dem Rücken treiben lassen und dabei – für den obligaten Schnappschuß – sogar Zeitung lesen. Ein Wermutstropfen beim salzigen Vergnügen: Die kleinsten Kratzer beginnen wie wild zu brennen, ein in die Augen verirrter Tropfen verursacht minutenlange schmerzhafte „Blindheit", und wieder an Land ist die Haut im Nu mit einer unangenehm juckenden Salzschicht überzogen. Deshalb: Nie ins Wasser, wo nicht sofort nach dem Bad eine Dusche oder Quelle Süßwasser garantiert!

Und noch ein zweiter Tip: Verpassen Sie sich am Meeresufer eine Packung aus dem mineralhaltigen, schmutziggrauen Schlamm. Ihre Haut wird es Ihnen danken, indem sie sich schnell verjüngt.

1
Seite 49

fluß zu Syrien, dem Jarmuk. Er wurde 1960 zwischen dem äußersten Norden und dem Toten Meer gegraben, ist knapp 100 km lang und hilft zur Zeit über 30 000 Hektar zu bewässern. Auf dem noch 1970, nach dem Sechstagekrieg, von bloß 5000 Jordaniern besiedelten Landstrich leben heute über 100 000 Menschen. Ihre Haupteinnahmequelle ist der staatlicherseits stark geförderte Obst- und Gemüseanbau (Bananen, Tomaten, Gurken), der dank umfangreicher Exporte in die arabischen Nachbarstaaten zu einem beachtlichen Devisenbringer avancierte.

Auf größere Ortschaften stößt man entlang des Jordan kaum. Eine der wenigen ist das nahe dem Flüßchen Zarqa gelegene

Deir Alla. Am Eingang zu diesem aufstrebenden Agrarzentrum fanden Archäologen auf einem 30 m hohen Tell (Hügel) Siedlungsreste, die sie lange Zeit mit jenem biblischen Ort namens Sukkot assoziierten, in dem Isaaks Sohn Jakob laut dem 1. Buch Mose nach dem Ringkampf mit dem Engel seine Hütten (hebräisch: Sukkot) errichtete. Neuerdings hält man die Theorie für plausibler, es handle sich um die Reste eines offenen Heiligtums aus der Mittleren Bronzezeit (ca. 1500 v. Chr.).

Für Laien vermutlich sehenswerter ist der wenige Kilometer weiter nördlich gelegene Siedlungshügel **Tell es-Saidiyeh.** Und zwar wegen einer teilweise erhaltenen Treppe, die an seinem Nordhang in 125 Stufen zu einer Quelle hinabführt und zur Eisenzeit (im späten 2. Jt. v. Chr.) entstanden sein soll.

30 km nördlich von Deir Alla erreicht man das Städtchen *Maschare.* Knapp 2 km nach Beginn der vierspurigen Ortsdurchfahrt führt eine unscheinbare Seitenstraße rechts in das kleine Nebental *Wadi Jirm.* Schon im Neolithikum, also vor rund 7000 Jahren, hatten die Menschen die Vorzüge jenes geschützten Flecken Erdes erkannt, der seit der Antike als

***Pella** Berühmtheit genießt: Im Winter blasen hier die Winde und beißt der Frost deutlich weniger heftig als auf dem nahen Hochplateau. Im Sommer wiederum weht eine kühle Brise vom transjordanischen Hügelland herab und lindert die über dem Jordantal brütende Hitze. Vor allem aber spendet eine Quelle das ganze Jahr über, auch in der ärgsten Trockenzeit, Wasser. Bereits Anfang des zweiten vorchristlichen Jahrtausends, in der Bronzezeit, fand der klimatisch solcherart gesegnete Ort, damals noch unter dem älteren semitischen Namen *Pihilum* oder *Pehel,* in ägyptischen Texten Erwähnung. Grabfunde belegen, daß hier damals Kanaaniter lebten. In hellenistischer Zeit teilte die Siedlung das Schicksal vieler Leidensgenossen in der Region. Nachdem makedonische Eroberer sie in Gedenken an die Geburtsstadt ihres Führers Alexander des Großen auf *Pella* umgetauft hatten, kam sie unter die Kontrolle der Ptolemäer, später der Seleukiden und Makkabäer. Von letzteren wurde sie 83 v. Chr. schließlich verwüstet, weil ihre Einwohner, wie der Chronist Flavius Josephus berichtet, „nicht versprechen wollten, die jüdischen Gebräuche anzunehmen". Wenig später leitete der Römer Pompeius den Wiederaufbau ein und machte Pella zu einer Stadt der Dekapolis, jenes von ihm gegründeten Zehnstädtebundes zu dem unter anderem auch Jerash, Gadara und Philadelphia, das heutige Amman, gehörten.

Ihre Blüte erlebte die für ihre öffentlichen Bäder gepriesene Stadt zur Zeit der Byzantiner. Damals lebten in ihren Mauern geschätzte 25 000 Menschen. Im Januar des Jahres 635 kam es vor eben diesen Mauern zu einer folgenschweren Schlacht: Die von der Arabischen Halbinsel nordwärts stürmenden muslimischen Krieger besiegten eine mächtige byzantinische Armee. 80 000 Griechen haben dabei angeblich den Tod gefunden.

Zur Zeit der Omaijaden wurde die Existenz von *Fahl* – so Pellas arabischer

Seite 49

Name – durch ein schweres Erdbeben (747) erschüttert. Unter dem Ajjubiden Saladin und den später folgenden Mamelucken erholte es sich ein wenig. Doch nach der osmanischen Invasion 1516 raubten die maßlosen Steuereintreiber aus Istanbul der Stadt wie auch dem ganzen Tal endgültig die ökonomische Grundlage. Pella geriet ins Abseits und blieb für 500 Jahre verlassen.

Wie soviele altertümliche Ruinenstätten diente auch diese ihren Erben im 19. und 20. Jh. als willkommener Steinbruch. In dem Dorf *Tabaqat Fahl*, dem modernen Nachfolger von Pella, findet man in zahlreichen Häusern von Beton umbaute antike Kapitelle und Säulen.

Für archäologisch Interessierte beachtenswert sind einerseits auf dem Haupthügel die Fundamente eisenzeitlicher Häuser und Befestigungsmauern aus

Tempelanlage bei Pella

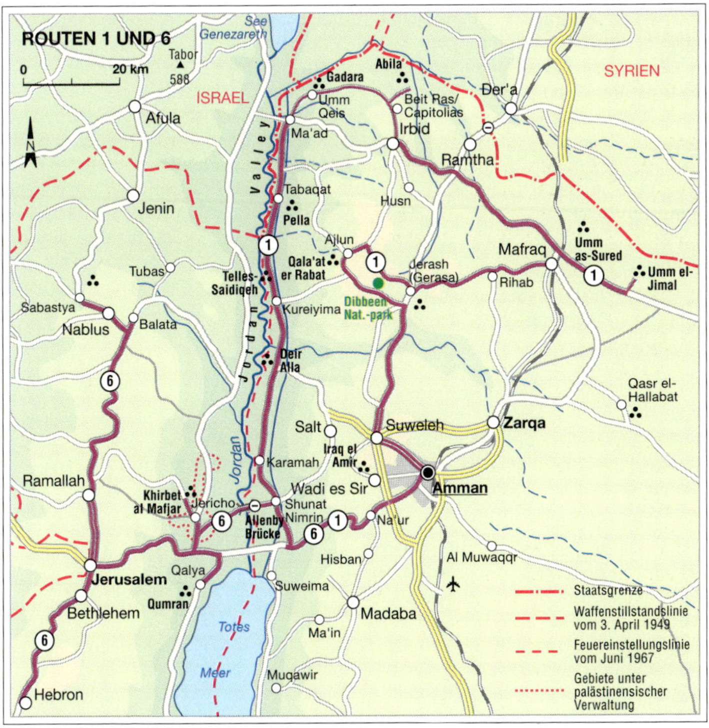

1

Seite 49

Lehm, andererseits unten im Tal aus römischer und byzantinischer Epoche die Reste mehrerer Tempel, einer Säulenstraße, eines kleinen Theaters und einer dreischiffigen Basilika. Am Ortsrand hat man etliche Gräber sowie eine weitere Basilika, die sogenannte Westkirche, ausgegraben. Und im Tal nördlich des Haupthügels, dem *Wadi Khandak,* stößt man auf Ausgrabungen abbasidischer Häuser (9./10. Jh.) und auf eine Moschee aus der Mameluckenzeit.

Ⓡ **Resthouse Pella.** Von der Terrasse aus, auf der man sich den „Holy Fish" aus dem Jordan und andere Spezialitäten der lokalen Küche munden lassen kann, bietet sich ein schöner Rundblick über das Jordantal, die Westbank und Israel. ($)

Von Pella folgt die Route der Hauptstraße – den Jordan beziehungsweise Ghor-Kanal entlang in den nordwestlichsten Zipfel Jordaniens. Dort liegt auf einem strategisch wichtigen Sattel das Dorf **Umm Qeis** mit den Ruinen der römisch-hellenistischen Stadt

***Gadara.** An klaren Tagen genießt man von hier oben einen phantastischen Blick über das gesamte nördliche Jordantal, die Felsschlucht des Jarmuk und den See Genezareth bis hinüber zu den Golanhöhen und zum Berg Hermon. Seine historische Bedeutung verdankt der Ort seiner Lage an einem Kreuzungspunkt wichtiger Handelsstraßen, seinen Namen dem Römer Gnaeus Pompeius. Der hatte die Stadt, nachdem sie zuvor von ptolemäischem in seleukidischen und schließlich in jüdisch-hasmonäischen Besitz übergegangen war, 63 v. Chr. erobert und neu ausgebaut.

Schon zuvor, in hellenistischer Zeit, war sie zu einem Zentrum griechischer Kultur aufgestiegen und hatte unter anderem Satiriker vom Range eines Menippos oder Meleager hervorgebracht. Von Jesus berichten die Evangelisten, er sei nach seiner stürmischen Fahrt über den See Genezareth, bei der er Wind und Wellen besänftigte, in das Gebiet von Gadara gekommen und habe hier zwei Besessene geheilt.

Als Mitglied der römischen Dekapolis, des Zehnstädtebundes, verfügte Gadara über eine großstädtische Infrastruktur. Folgt man der Hauptstraße, dem von Säulen gesäumten *Decumanus Maximus,* stößt man auf imposante Überreste: im Westen ein Hippodrom, ein Theater, ein Mausoleum und ein Wasserbecken, im Osten ein aus schwarzem Basalt erbautes zweites Theater, das einst zwei- bis dreitausend Zuschauer faßte, daneben einen Innenhof mit schön dekorierten Sarkophagen, und unweit davon die durch mehrere Säulen markierte Terrasse, auf der sich einst eine byzantinische Kirche auf achteckigem Grundriß erhob.

Unmittelbar hinter dem Kirchenplatz zweigt eine antike Geschäftsstraße mit knapp zwei Dutzend überwölbten Ladenräumen ab. Vis-à-vis führt ein Feldweg zu einem weiteren, allerdings stark zerstörten Mausoleum und zu den Becken eines spätantiken Bades. Die Hügel zu beiden Seiten trugen ausgedehnte Nekropolen, von denen einzelne Hypogäen (unterirdische Kulträume bzw. Gewölbe) mit schweren Basalttüren bis heute erhalten geblieben sind. Von Interesse ist außerdem der nach wie vor begehbare, bis zu 2 m hohe, 1,2 m breite und über 500 m lange Tunnel – einst Teil eines raffiniert ausgeklügelten Leitungssystems, durch das man von fern, aus der Gegend um Ramtha, Wasser zugeleitet hat.

Ⓡ Das nicht näher benannte **Restaurant** in Umm Qeis bietet nicht nur arabische Köstlichkeiten, sondern auch einen grandiosen Blick auf die Ruinen von Gadara, den See Genezareth und die Golanhöhen; in der Hochsaison ist es empfehlenswert, Plätze vorzubestellen, ☎ (02) 21 72 10. ($)

Am Ortsausgang von Umm Queis, nahe dem staatlichen Rasthaus, stehen etliche restaurierte Häuser aus spätosmanischer Zeit, darunter *Bayt Rusan,*

1
Seite 49

[A] Südwest-Tor
[B] Wohnhäuser
[C] Südwestkirche
[D] Numerianoskirche
[E] Kathedrale
[F] Westkirche
[G] Claudiuskirche
[H] Julianuskirche
[I] Nordostkirche
[J] Doppelkirche
[K] Masechoskirche
[L] Südostkirche
[M] Gouverneurspalast
[N] Römische Kaserne
[O] Prätorium
[P] Wohnhäuser

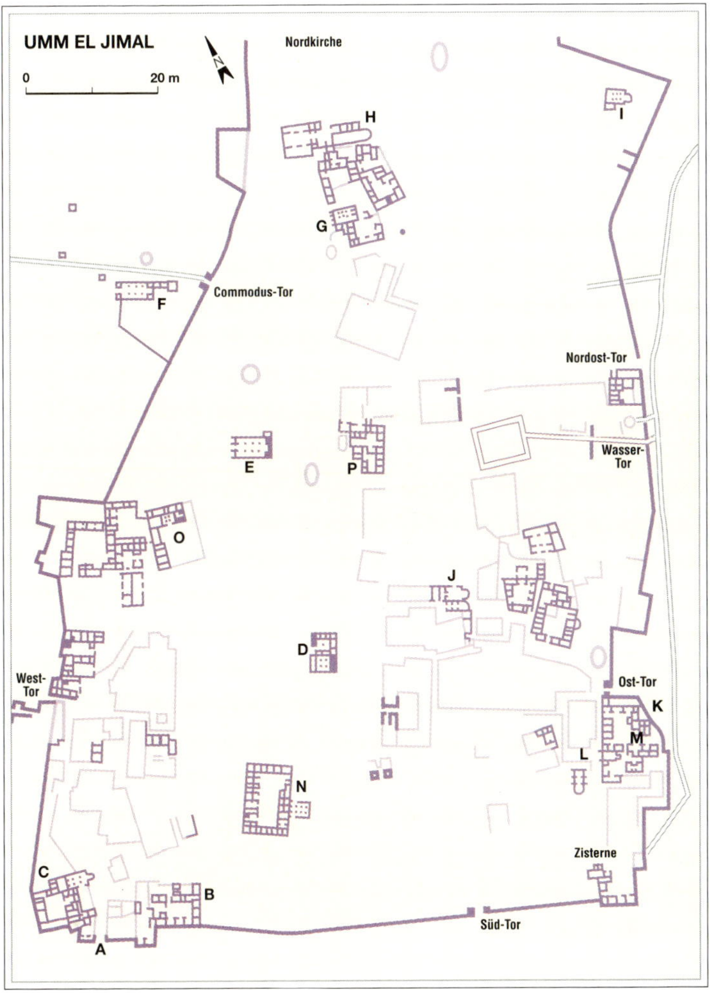

1

Seite 49

in dem ein kleines **Museum** installiert wurde. Es zeigt örtliche Grabungsstücke und Mosaike (tgl. außer Di 8–17, im Winter 8 bis 16 Uhr; Eintritt frei).

Entlang der Strecke in die Provinzhauptstadt Irbid erwarten noch zwei Sehenswürdigkeiten archäologisch Interessierte – Abila und Capitolias.

Um nach **Abila** zu kommen, zweigt man von der Hauptstraße links in Richtung Kharta ab. Nach ca. 7 km, am Anfang des modernen Ortes *Queilbeh*, geht's bei einer Gabelung nach rechts, und kurz danach nochmals rechts auf einem schmalen Weg zum Ruinenfeld. Hier, wo schon in der frühen Bronzezeit (um 3000 v. Chr.) Menschen siedelten, fördern amerikanische Archäologen seit den frühen achtziger Jahren die Grundmauern der antiken Stadt zutage. Hauptfund auf dem nördlichen der beiden Stadthügel ist das Fundament einer dreischiffigen byzantinischen Basilika. Auf dem südlichen sind es, über dem teilweise verschütteten Halbrund eines römischen Theaters, Reste von Wohnbauten. Hier haben die Archäologen auch einige Säulen einer zweiten Basilika wiedererrichtet.

Die Überreste der alten Handelsstadt **Capitolias** liegen direkt an der Hauptstraße, 5 km nördlich von Irbid. Sie besitzt keinerlei aufrechte Ruinen, doch im angrenzenden Dorf *Beit Ras* stößt man inmitten der modernen Verbauung auf zahlreiche antike Mauerblöcke und Kapitelle. Das Urteil des britischen Schriftstellers G. L. Hardings aus den späten fünfziger Jahren gilt nach wie vor: „Aus den Felsen gehauene Gräber", schrieb er, „mit gewaltigen (...) Basalttüren dienen heute als Vorratsräume für Getreide und Stroh, und das Vieh säuft und frißt aus antiken Sarkophagen."

Irbid, das Zentrum der Nordwestprovinz, hat vom historischen Standpunkt nur wenig zu bieten. Was nicht weiter verwundert, war es doch noch vor hundert Jahren ein Dörfchen mit knapp über hundert Häusern. Mittlerweile ist es mit rund einer halben Million Einwohnern Jordaniens zweitgrößte Stadt und ein wichtiges Handels- und Agrarzentrum mit einer eigenen Universität, das sich jedoch bei allem Wachstum eine charmante Ursprünglichkeit aus früheren Tagen bewahrt hat. Nicht versäumen sollte man den Besuch im didaktisch überaus modern gestalteten *Museum of Jordanian Heritage* mit seinen beachtlichen archäologischen Exponaten aus der Region (tgl. außer Di 10–17 Uhr).

Al-Umajja Hotel, Palestine Street, 24 59 55. Eine akzeptable, saubere, wenn auch alles andere als spektakuläre Bleibe mit Bad und TV, untergebracht im 2. Stock über der Jordan Arab Investment Bank. $

Al-Hana. Gegenüber der Universität gelegen, bietet das Lokal gute Küche in angenehmer Atmosphäre. $

Die Straße von Irbid nach **Mafraq** führt erst durch die fruchtbare Ebene von Ramtha und, hat man die Hauptstraße von Amman nach Deraa und Damaskus erst einmal überquert, hinein in eine grauschwarze Basaltwüste. Kurz vor Mafraq, einer jungen, eigentlich sehenswerten Stadt, kreuzt man die Gleise der von den Osmanen erbauten und von den Beduinenkämpfern Lawrence von Arabiens lahmgelegten, legendären Hedschas-Bahn. Von Mafraq aus folgt man vorerst der Fernverkehrsstraße Richtung Bagdad und der aus dem Irak westwärts führenden Ölpipeline.

Nach 16 km führt links ein Asphaltsträßchen zu den Ruinenstätten von ***Umm el-Jimal.** „Mutter des Kamels" – wohl nur selten wurde eine Stadt auf einen so passenden Namen getauft. Ganz in der Nähe kreuzten sich in der Antike die Handelsrouten aus dem Gebiet des heutigen Jordanien, Syrien und Irak. Die Stadt bot sich den durchziehenden Karawanen als idealer Rastplatz auf dem Weg durch die öde Lavawüste an, zumal es ihre Einwohner

1

Seite 49

perfekt verstanden, das Wasser der heftigen Winterregen mittels vieler kleiner Dämme in riesigen Zisternen zu speichern, und im Sommer einerseits für den Feldbau zu nutzen und andererseits den Reisenden als Labsal zu reichen. Es verwundert demnach nicht zu hören, daß Umm el-Jimal eine Gründung der Nabatäer ist, waren die Herren von Petra doch die unbestrittenen Meister im Bau komplizierter Wasserversorgungssysteme.

Thantia, wie die Stadt aller Wahrscheinlichkeit nach unter den Römern hieß, liegt am südlichen Rand des Hauran, der südsyrischen, vorwiegend von Drusen bewohnten Basaltebene. Diesem schwarzen Vulkangestein, aus dem die Stadt erbaut ist, verdankt sie zum einen ihre ein wenig beklemmende Düsterkeit, zum anderen aber auch ihren erstaunlich guten Erhaltungszustand. Aus Mangel an Holz hatte man nämlich in ihrer Blüte, der byzantinischen Zeit, nicht nur die Wände und Decken der Häuser und insgesamt fünfzehn Kirchen, sondern auch deren Türen aus dem überaus widerstandsfähigen Material hergestellt; weshalb noch heute, eineinhalb Jahrtausende später, eine beträchtliche Zahl von zum Teil sogar zweistöckigen Gebäuden steht.

Mit der Grandezza der großen Zentren der Dekapolis - Gadara, Jerash oder Philadelphia - kann sich Umm el-Jimal freilich nicht messen. Es war nie mehr als ein mittelständischer Markt und Handelsknotenpunkt. Beachtlich ist aber dennoch was sich hier an interessanten Bauwerken erhalten hat: Die Besichtigung beginnt man am besten beim südwestlichen jener insgesamt sieben Tore [A], mit denen die Römer ihre im 2. Jh. erbaute Stadtmauer versahen. Gleich rechter Hand stehen mehrere recht gut erhaltene *Wohnhäuser* [B]. Linker Hand eröffnet die *Südwestkirche* [C] den Reigen mehr oder weniger erhaltener Kirchenruinen. Er setzt sich fort in der *Numerianoskirche* [D], der im Jahr 557 erbauten *Kathedrale* [E], der *West-* [F], der nach ihrem

Das kleine Theater im Osten von Gadara ist ganz aus Basalt

Alte Inschriften weisen auf die Herrscher der alten Karawansereien hin

1

Seite 49

Schöpfer benannten *Claudius-* [G], der *Julianus-* [H], *Nordost-* [I], *Doppel-* [J] und *Masechoskirche* [K] und endet dann schließlich an der *Südostkirche* [L]. An letztere grenzt der sogenannte *Gouverneurspalast* [M].

Weitere wichtige Profanbauten sind jene ursprünglich römische *Kaserne* [N], die in byzantinischer Zeit in ein Kloster umgewandelt wurde, dann das *Prätorium* [O], in dem vermutlich der Befehlshaber über die hier stationierten Truppen residierte, und jene Gruppe von *Wohnhäusern* [P], bei der man besonders schön die beim Bau von Dächern aus langen, flachen Basaltsteinen angewandte Kragsteintechnik erkennen kann.

Denjenigen, die inzwischen richtig Interesse an archäologischen Stätten bekommen haben, seien noch ein paar Möglichkeiten für zum Teil recht abenteuerliche Abstecher zu Ruinenstätten ans Herz gelegt: nach **Zerakhon,** einer riesigen, erst unlängst freigelegten Stadt aus der Bronzezeit (rund 20 Autominuten nördlich von Irbid); nach **Umm as-Surab,** einem von der Sergius-und-Bacchus-Kirche samt mächtigem Kloster dominierten Ruinenfeld (eine halbe Autostunde nordwestlich von Umm el-Jimal); nach **Umm al-Quttein,** dem zugegeben recht spärlichen Rest eines spätantiken Dorfes (sehr entlegen, knapp 30 km östlich von Umm el-Jimal); nach **Rihab** mit seiner mit Mosaiken ausgestalteten Basilika des hl. Menas (15 Autominuten westlich von Mafraq).

Letzteres gibt bereits die Richtung zu dem unbestrittenen Höhepunkt dieser Rundfahrt vor, den Ruinen von

*** **Jerash,** dem antiken **Gerasa.** Denn rund 25 km westlich von Rihab erhebt sich, eingebettet in die Hügel von Gilead, das „Pompeji des Ostens", wie dieses „beste und besterhaltene Beispiel einer spätantiken Provinzstadt im Nahen Osten" (F. R. Scheck) oft genannt wird. Auch wenn seine landschaftliche Umgebung nicht so spektakulär wie in Petra oder im syrischen Palmyra und deshalb sein Ruf nicht so einmalig ist – dank der grandiosen Kolonnadenstraße, den zwei Tempeln, drei Theatern und etlichen Kirchen zählt Jerash zu den ganz großen Sehenswürdigkeiten der Region.

Die Stelle am Westufer des *Chrysorhoas,* eines kleinen Nebenflusses des *Zarqa,* war – jungsteinzeitliche Werkzeuge und Tonscherben belegen dies – bereits um 6000 v. Chr. bewohnt. Historische Bedeutung bekam die Siedlung aber erst in den letzten Jahrhunderten vor der Zeitenwende.

Bis heute ist noch immer nicht restlos geklärt, ob ihre Gründer die Seleukiden (im 4. Jh. v. Chr.), die Ptolemäer oder gar Nachfahren der Legion Alexanders des Großen (beide im 2. Jh.) waren. Fest steht, daß, laut einer Grabinschrift in Petra, die frühe arabisch-semitische Siedlung den Namen *Garshu* trug, die hellenistische Neugründung *Antiochia Chrysorhoas,* „Antiochien am goldenen Bach", hieß, und erst die Römer auf die vorklassische Tradition zurückgriffen und die Stadt *Gerasa* tauften. Und fest steht auch, daß der wirkliche Aufstieg des Ortes erst 63 v. Chr. begann.

In jenem Jahr eroberte Pompeius Palästina. Jerash, das nunmehrige Gerasa, wurde Mitglied der Dekapolis und in der Folge als Umschlagplatz nabatäischer Kaufleute, aber auch dank der florierenden Landwirtschaft und der großen Erzvorkommen in seiner Umgebung reicher und reicher. Bald schlug sich der wirtschaftliche Erfolg auch architektonisch nieder: Fast alle Gebäude wurden geschleift und gemäß römischem Stadtplan neu errichtet.

Seinen eigentlichen wirtschaftlichen und städtebaulichen Höhepunkt erreichte Gerasa jedoch erst im 2. Jh. Nachdem Kaiser Trajan das Erbe der Nabatäer angetreten und das Jordanland zur Provincia Arabia gemacht hatte (106 n. Chr.), brach für die Stadt ein „goldenes Zeitalter" an. In einem

1
Seite 49

zweiten Erneuerungsschub, der anläßlich des Besuchs von Kaiser Hadrian in Gerasa (129) seinen Höhepunkt fand, vergrößerte man Artemis- und Zeustempel und ersetzte ionische Säulen durch korinthische.

Mit dem Niedergang des Römischen Reichs und der zunehmenden Verlagerung des Ferntransports von den Karawanen- auf die Meeresrouten setzte für Gerasa der langsame, aber unaufhaltsame Abstieg ein. Ein letztes Mal erlebte es unter Kaiser Justinian (527–565) eine kurze Blüte. Deren sichtbarster Ausdruck war der Bau von rund einem Dutzend Kirchen, für die alte Tempel als Steinbrüche dienen mußten. 614 eroberten die Sassaniden und 636 die Araberheere die Stadt. Ihr definitives Ende besiegelte das Erdbeben von 746. Mit Ausnahme einer kurzen Besatzung durch die Kreuzfahrer unter Balduin II.

[A] Triumphbogen
[B] Südtor
[C] Forum
[D] Cardo Maximus
[E] Agora
[F] Museum
[G] Tetrapylon
[H] Kathedrale
[I] Nymphäum
[J] Viaduktkirche
[K] Nord-Tetrapylon
[L] Westbäder
[M] Ostbäder
[N] Nordtheater
[O] Artemistempel
[P] Drei-Kirchen-Komplex
[Q] Synagogenkirche
[R] Genesiuskirche
[S] Peter-und-Paul-Kirche
[T] Theodoruskirche
[U] Zeustempel
[V] Südtheater

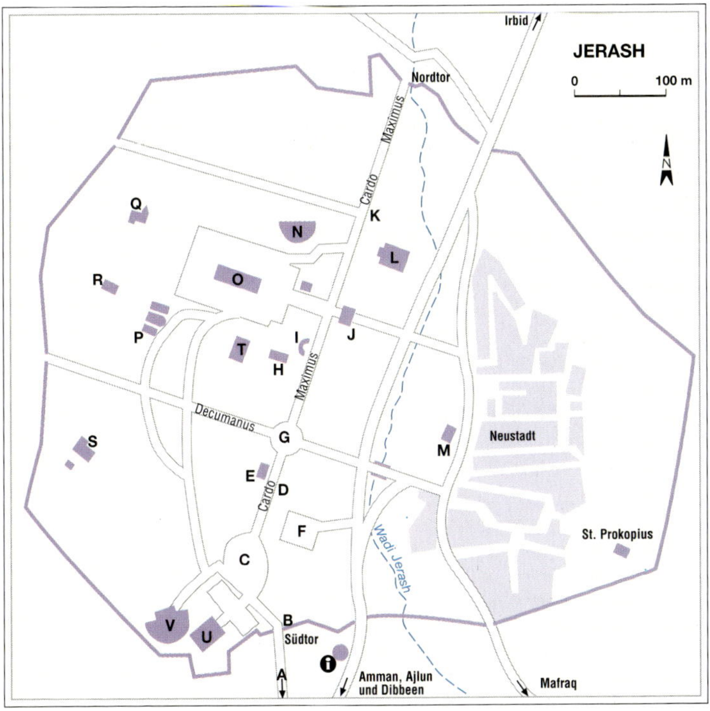

1

Seite 49

(1120) blieb Gerasa ganz entvölkert. Wind und Wasser begruben sie im Laufe der Zeit unter der Erde. Erst 1806 entdeckte der Orientforscher Ulrich Jasper Seetzen die vergessene Ruhmesstätte gleichsam für Europa wieder. Mit den systematischen Erforschungen und Ausgrabungen begannen vorwiegend die Briten erst in den späten zwanziger Jahren dieses Jahrhunderts.

Die Besichtigung beginnt üblicherweise bei jenem ursprünglich über 20 m, und heute noch gewaltige 12 m hohen, 25 m breiten *Triumphbogen* [A], der 129 zu Ehren Hadrians erbaut wurde. Rechts an den Resten des Hippodroms vorbei erreicht man das *Südtor* [B] und damit den offiziellen Eingang in die ummauerte Stadt (Eintrittsgebühr).

Der Weg führt direkt auf das *Forum* [C] zu. Seine für klassische Stadtanlagen ungewöhnliche ovale Form ist durch ein städtebauliches Problem bedingt: die Ost-West- und die Nord-Süd-Achse mußten harmonisch verbunden werden. Die eindrucksvolle Platzanlage ist mit teilweise rekonstruierten ionischen Säulen eingefaßt, was auf eine Entstehung im frühen 1. Jh. schließen läßt.

Von hier aus zieht sich, 600 m weit und von rund 260 Säulen gesäumt, bis zum Nordtor der ***Cardo Maximus* [D]. Das Pflaster ist noch immer das original antike, und die Fahrrinnen der Wagenräder sind darin gut zu erkennen. Die Kolonnaden waren einst zugleich Aquädukte, über die Frischwasser in die Häuser geleitet wurde.

Kurz nach dem ehemaligen Marktplatz, der *Agora* [E] und dem *Museum* [F] stößt man an der ersten Kreuzung nach etwa 200 m auf die Reste eines *Tetrapylon* [G], eines ursprünglich vierseitigen Torbaus. Die Querstraße, der *Decumanus*, ist ebenfalls mit Kolonnaden geschmückt. Folgt man dem Cardo, passiert man linker Hand erst die sogenannte *Kathedrale* [H] aus dem 4. Jh., dann das **Nymphäum* [I], den einstigen zweistöckigen Prachtbrunnen der Stadt (vollendet 191 n. Chr.). Kurz dahinter, an der *Viaduktkirche* [J] steigt eine Treppe zu den Resten einer geweihten Straße empor. Sie führte einst über eine längst zerstörte Brücke in den jenseits des Flusses Chrysorhoas gelegenen östlichen Stadtbezirk, über dem sich heute das moderne Jerash erhebt.

Weiter nordwärts erreicht man das nördliche Gegenstück zu dem schon erwähnten Süd-Tetrapylon, den *Nord-Tetrapylon* [K]. Ihm benachbart sind die *Westbäder* [L], nicht zu verwechseln mit den weitgehend zerstörten *Ostbädern* [M] nahe der Neustadt.

Nach der Besichtigung des Nordtores und der jenseits der Stadtmauer gelegenen Zisternen, die Gerasa einst mit Wasser versorgten, wandert man den Cardo zurück, zweigt kurz nach dem Nord-Tetrapylon nach rechts ab und erreicht, am *Nordtheater* [N] vorbei, das größte Heiligtum der Stadt, den ***Artemistempel* [O]. 161 m lang und 120 m breit, so lauten die wahrlich gigantischen Ausmaße dieser Anlage. Ursprünglich war der Tempel an drei Seiten von 13,5 m hohen korinthischen Säulen eingefaßt. Eine Reihe an der Vorderfront hat allen Erdbeben und sonstigen Katastrophen bis heute getrotzt. Das Innerste des Weihebezirks, die *Cella*, ist auch nicht gerade von bescheidener Größe. 40 mal 22,5 m mißt die Plattform, die sich 4,5 m über das Niveau der Säulenhalle erhebt.

Westlich davon liegen der zwischen 529 und 533 errichtete, den Heiligen Cosmas und Damian, Georg und Johannes dem Täufer geweihte *Drei-Kirchen-Komplex* [P], die deutlich ältere, aber 530 in ein jüdisches Bethaus umgewandelte *Synagogenkirche* [Q], sowie die *Genesius-* [R], die *Peter-und-Paul-* [S] und die *Theodoruskirche* [T].

Bevor man wieder zum Ausgangspunkt, dem Südtor, gelangt, sollte man vom Forum noch nach rechts zum *Zeustempels* [U] hochsteigen. Unmittelbar daneben verdient das vier- bis fünftausend Zuschauer fassende *Südtheater* [V] nähere Beachtung.

1

Seite 49

🕓 Gesamtanlage: im Sommer tgl. 8–19, im Winter 8 bis 17 Uhr; Archäologisches Museum: tgl. im Sommer 8.30–18, im Winter 9–17, Fei ganzjährig 10–16 Uhr, ☏ (04) 45 22 67; Son-et-Lumière-Theater: ganzjährig Sa, Mo, Mi, in der Hauptsaison tgl. jeweils 20.30–21.30 Uhr.

Die stattlichen Reste des Nymphäums, des einstigen Prachtbrunnens von Gerasa

Ein letzter kurzer Abstecher führt gleich hinter dem Triumphbogen von Jerash westwärts durch das Erholungsgebiet des **Dibbeen-Nationalparks,** dessen dichte Eichen- und Kiefernwälder eine Vorstellung davon vermitteln, wie grün noch vor hundert Jahren weite Teile Jordaniens aussahen.

Und wieder Gerasa: die Kolonnaden des Cardo Maximus

Das eigentliche Ziel des Umwegs ist erst nach rund 25 km erreicht: **Ajlun** mit seiner weithin sichtbaren Burgruine * *Qala'at er-Rabat.* Sie wurde um 1185 von Azz ad-Din Ausama, einem Verwandten und Statthalter Saladins, als Bollwerk gegen die Kreuzritter und zum Schutz der Mekkapilger angelegt und eine Generation später unter den Mamelucken beträchtlich erweitert.

An klaren Tagen reicht der Blick vom Burgberg hinüber bis zum Toten Meer beziehungsweise zum See Genezareth.

Ⓗ **Qala'at er-Rabad Castle Hotel,** Castle Street, P.O. Box 73, ☏ 4 62 20 26. Ein Zweisternehotel auf einem Hügel gelegen, im Haus ist auch ein Restaurant untergebracht. Ⓢ

Ⓡ **Resthouse Pella.** Von der Terrasse aus, auf der man sich Spezialitäten der lokalen Küche munden lassen kann, bietet sich ein schöner Blick über das Jordantal, die Westbank und Israel. Ⓢ

In einer Schleife auf die Hauptstraße Damaskus–Amman zurückgekehrt (bei *Anjara* links abbiegen!), erreicht man über Suweleh nach etwa 40minütiger Fahrt wieder die Hauptstadt.

Ein Festival

Wer Mitte Juli durch Jordanien reist, sollte sich auf keinen Fall das Jerash-Festival entgehen lassen. In einer lauen Sommernacht in dem bis zur letzten Reihe gefüllten römischen Amphitheater einem Konzert zu lauschen, einer Theater- oder Folkloreaufführung beizuwohnen, ist ein unvergeßliches Erlebnis. Die Palette an Darbietungen umfaßt viele Nationen, Kulturen und Kunstgenres – Ballett, Oper, Konzerte klassischer Orchester und arabischer Sänger, aber auch Zirkus, Kabarett und Folkloretanz. Zusätzlich wird in den bei Nacht festlich illuminierten Säulenstraßen die reiche Kunsthandwerkstradition präsentiert.

Route 2

2

Seite 59

Zu den Lustpalästen der Kalifen – die Wüstenschlösser

Die Fahrt von Amman Richtung Osten führt in eine steinige Einöde von geringem landschaftlichen Reiz. Dank jener berühmten Lustpaläste, die sich die Kalifen in frühislamischer Zeit hier mitten in die Wüste bauten, gilt sie trotzdem zu Recht als unbedingtes Muß einer jeden Jordanien-Tour. Außerdem lohnt sich ein Besuch im Wildtierreservat von Shaumari nahe Azraq, das eine Vorstellung vermittelt, welch reiche Fauna und Flora in dieser Region einst beheimatet war. Die „Schlösser-Schleife" mißt ohne den Umweg nach Qasr et-Tuba ca. 220 km und ist auf den exzellenten Asphaltstraßen bequem in einem Tag abzufahren. Dabei eingerechnet sind einzelne Abstecher über staubige Pisten, die das Abenteuer einer echten Wüstenfahrt erahnen lassen.

„Omaijadische Wüstenschlösser" – unter diesem Sammelbegriff sind die über die steinige Ebene Nordostjordaniens verstreuten Prunkbauten in die Kunstgeschichte eingegangen, zu denen diese Rundreise führt. Schon die Römer hatten – v. a. zur Zeit von Septimus Severus und Diokletian – in dieser entlegenen Gegend zum Schutz ihrer Provincia Arabia eine Kette von Kastellen errichtet. Auch Karawansereien und Klöster waren hier bereits lange vor dem Aufkommen des Islam entstanden. Doch in ihrer heutigen Form gehen die größtenteils erstaunlich gut erhaltenen Wüstenschlösser auf das späte 7. und frühe 8. Jh. zurück. Ihre Bauherren waren die Omaijaden – die in Damaskus residierende erste arabische Kalifendynastie.

Welchem Zweck die Wüstenschlösser dienten, darüber sind sich die Experten bis heute nicht einig.

Eine These besagt, sie seien steingewordener Ausdruck der Sehnsucht nach der Unendlichkeit der Wüste. Schließlich floß in den Adern der frühen islamischen Herrscher noch ziemlich reines Beduinenblut. Eine andere These erklärt die Seuchengefahr in den großen Städten zum Hauptgrund, sich in die menschenleere Region zurückzuziehen. Durchaus plausibel ist auch die These, das lockere Verhältnis der Omaijaden zu Wein, Weib und Gesang – allen dreien frönten sie mit Hingabe – hätte die frommen Korangelehrten in der Stadt allzu sehr provoziert. Und möglicherweise haben auch jene recht, die behaupten, die Schlösser seien Zentren zur Erschließung großer Landgüter gewesen (wofür die Existenz der vielen Bewässerungsanlagen in ihrer Umgebung spricht), oder hätten als Orte einer „rotierenden Hofhaltung" der Kontrolle jener Nomadenstämme gedient, auf deren Loyalität die Macht der Kalifen basierte.

Wie auch immer – Tatsache ist, daß die Omaijaden auf ihren Landsitzen das beduinische Vergnügen der Pferdezucht und Jagd in der freien Wüste gekonnt mit dem höfisch-dekadenten, von Bädern und orgiastischen Zechgelagen erfüllten Luxusleben verknüpften.

Die erste Anlage entlang der Route ist ***Qasr al-Hallabat.** Verläßt man Amman auf der Autobahn Richtung Nordosten und biegt ca. 15 km nach der Provinzhauptstadt Zarqa links auf die Straße Richtung Irbid und wenig später rechts auf eine Seitenstraße ab, so steht Qasr al-Hallabat nun auf einer Anhöhe geradewegs vor einem.

Diese Ruine war ursprünglich ein römisches Kastell auf quadratischem Grundriß. Zur Zeit Trajans oder Hadrians (um 117 n. Chr.) teils aus dunklem Basalt, teils aus hellerem Kalkstein (im Jahr 212) erbaut, unter Caracalla und

Seite 59

nochmals unter Justinian (Mitte des 6. Jhs.) erweitert, diente das Kastell dazu, die Grenze gegen die Parther zu verteidigen. Kurze Zeit war es von christlichen Mönchen bevölkert. Nach der Invasion der Perser wurde es dann verlassen und durch die Omaijaden zwischen 709 und 743 schließlich in ein Schloß umgebaut. Die angrenzende Moscheeruine stammt ebenfalls aus omaijadischer Zeit.

2 km weiter östlich liegt an einer asphaltierten Straße das Badeschlößchen * **Hammam as-Sarakh.** Es ist Teil eines nur noch in Resten erhaltenen Komplexes aus Kalkstein und wurde komplett rekonstruiert. Gut erkennbar sind noch die Kanäle und Röhren für Heißwasser und Dampf, das Warmwasserbad und der Abkühlraum.

Folgt man der Hauptstraße Richtung Bagdad, erreicht man nach gut 50 km die Oase von ** **Azraq.** Hier, wo die Sandwüste des Wadi Sirhan auf die basaltenen Ödflächen des Nordostens trifft, kreuzen sich seit alters die Kara-

Hamman as-Sarakh, Badehaus aus der Zeit der Omaijaden

Beduinenzelte gehören in der Wüste noch zum Alltagsbild

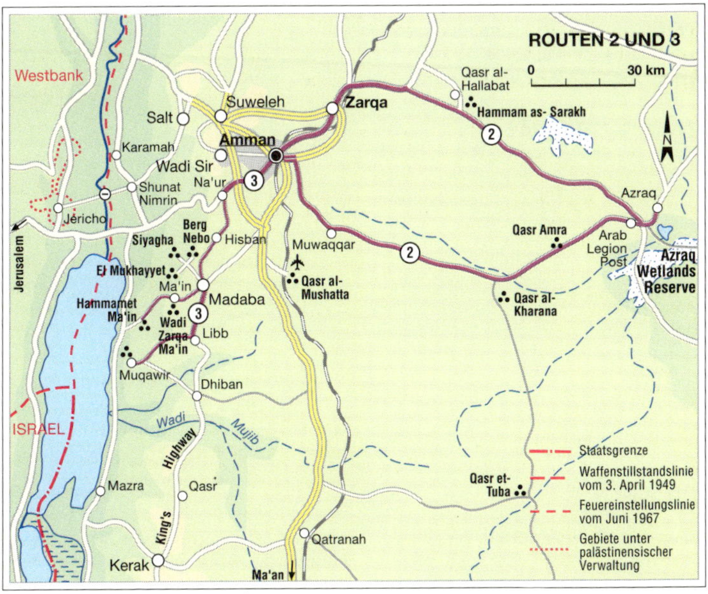

2

Seite 59

wanenrouten von und nach Saudi-Arabien, Irak und Syrien, beziehungsweise zur Mittelmeerküste. Heute reihen sich die schweren Transit-Lkws aneinander, mit deren Hilfe der Irak schon während des achtjährigen Kriegs gegen den Iran seinen Nachschub aus Aqaba sicherte, und jetzt das seit dem zweiten Golfkrieg über ihn verhängte Embargo umgeht.

Azraq (der Ortsname bedeutet übersetzt „blau“) empfanden unzählige Generationen von Beduinen als irdisches Paradies. An den selten gewordenen Lagerfeuern bekommt man noch heute begeistert erzählt, welch Labsal die vielen Quellen nach endlosen Wüstenmärschen boten, auf denen man nur vom trüben Brackwasser aus Brunnen gelebt hatte.

Mittlerweile ist das Ökosystem der Oase akut bedroht. Das Wasser, das in Überfluß auf unterirdischem Weg aus dem Gebiet des Dschebel el-Druz in Südsyrien zusickert, wird in immer größeren Mengen nach der Hauptstadt Amman abgepumpt. Und der Durst der Hauptstadt wächst beständig. In den sechziger Jahren bedeckten die Sümpfe und Tümpel noch über 10 km². Sie dienten alljährlich riesigen Schwärmen von Zugvögeln als Zwischenstation auf ihrem Weg von Asien nach Afrika und zurück. In der Zwischenzeit sind die Flächen dramatisch geschrumpft. Dennoch werden nach wie vor große Felder mit Obst und Gemüse bebaut.

In dem Ende der siebziger Jahre gegründeten Schutzgebiet **Azraq Wetlands Reserve** findet der Besucher noch Wasserstellen, in denen es von Fischen wimmelt und an deren schilfbestandenen Ufern wilde Pferde weiden. Doch von den rund 300 Vogelarten, die man hier noch vor einer Generation beobachten konnte, sind 95 % bereits ins nahe Israel, an den See Genezareth abgewandert.

Wie vielfältig die Fauna rund um Azraq einst gewesen sein muß, veranschaulicht ein Besuch in der **Shaumari Wildlife Reserve.** Dieses 15 km südlich von Azraq nahe der Hauptstraße nach Saudi-Arabien gelegene Schutzgebiet wurde 1975 von der Royal Society for the Conservation of Nature (RSCN) mit der Absicht eröffnet, in Jordanien bereits ausgestorbene oder bedrohte Arten nachzuzüchten. Die Erfolge sind beachtlich: In dem 22 km² großen Gehege tummeln sich mehrere Dutzend Gazellen, Strauße, Wildesel und, zum besonderen Stolz der Verantwortlichen, eine Herde Oryx – mächtige Antilopen mit hellem Fell, dunkler Zeichnung und langem Stangengehörn, die seit den zwanziger Jahren in Jordanien so gut wie ausgerottet waren. Sie sollten angesichts der natürlichen Scheu der Tiere jedoch nicht allzu enttäuscht sein, wenn sich Ihnen, obwohl Sie vom Parkwächter ein Fernglas ausgeliehen und den Aussichtsturm erklommen haben, nur wenig Wild zeigt.

Doch zurück in das Herz der Oase: Dort erhebt sich unweit des mehrheitlich von Drusen bewohnten Nordteils der Stadt (im Südteil leben vorwiegend Tscherkessen) die aus Lavagestein erbaute und deshalb pechschwarze Burg **Qasr Azraq.** Ihr Vorgängerbau half bereits zur Zeit des Septimius Severus den Römern, das Nordende des Wadi Sirhan gegen stets von neuem aus Arabien eindringende Nomadenstämme zu verteidigen. Im 8. Jh. wandelten die Omaijaden das Kastell in ein Schloß um. 500 Jahre später setzte ein ajjubidischer Statthalter namens Izz ad-Din Aybak die mittlerweile verfallene Festung wieder instand, um sie als Stützpunkt im Kampf gegen die „Franken“ zu nutzen. Der letzte militärische Gast auf Azraq war Lawrence of Arabia. Er verbrachte in dem Raum über dem Haupttor erbärmlich frierend jenen Winter von 1917 auf 1918, in dem er sich und seine Beduinen für den Sturm auf Damaskus rüstete.

Einen Rest des authentischen Lawrence-Mythos verkörpert der örtliche Führer, ein Druse namens Muyet Kasim: Nachdem er seinen Gästen den In-

2

Seite 59

nenhof mit der Moschee, die römischen Stallungen und jene tonnenschwere, antike Drehtür aus Stein gezeigt hat, die schon Lawrence in den „Sieben Säulen der Weisheit" erwähnte, pflegt er aus den Tiefen seines Disch-Dasch-Gewands vergilbte Fotos von Lawrence und Prinz Feisal hervorzukramen und dabei mit leuchtenden Augen zu erzählen, daß sein Vater die Ehre hatte, den britischen Oberst höchstpersönlich zu kennen.

Qasr Azraq, eine Burg aus Lavasteinen

Ⓗ **Al-Sayad** (Hunter Hotel), P.O. Box, Al Azraq, ☎ 64 76 11. Das Hotel liegt umgeben von Olivenbäumen auf einem Hügel nahe dem Stadtzentrum. Das hauseigene Restaurant bietet einen 24-Stunden-Service. Ⓢ

Az-Zoubi, P.O. Box 10, Azraq, ☎ 64 76 22. Ein wegen seines Service und Personals empfehlenswertes, im Süden der Stadt gelegenes Hotel. Ⓢ

Shallatat al-Montazah, Azraq. In die erste Straße nach der Burg rechts einbiegen und bis zum ersten rechts abzweigenden Weg fahren. Dort erwartet Sie ein malerisches Gartenrestaurant, in dessen schattiger Kühle es sich zwischen Oleander und Palmen herrlich schmausen läßt. Ⓢ

Oryxantilopen im Shaumari Wildlife Reserve

Ⓡ **Azraq Resthouse,** ☎ 68 10 28. Die Speisenauswahl ist zwar nicht reichlich, aber das Gebotene dafür gut. Ⓢ

Das „Palästchen" Amra, ein Relikt aus der Omaijadenzeit

Auf dem von Azraq über eine Asphaltstraße in südlichem Bogen führenden Rückweg nach Amman erreicht man nach etwa 35 km ein weiteres Wüstenschloß –

****Qusair Amra.** Diese wohl reizendste aller omaijadischen Residenzen hat 1898 der österreichische Arabist Alois Musil entdeckt. Qusair Amra ist das Relikt eines ursprünglich viel größeren Gebäudekomplexes, der aller Wahrscheinlichkeit nach auch eine Festung und Wohnanlagen umfaßte und als Herberge für Karawanen auf dem Weg

Eine Sehenswürdigkeit für sich: die Fresken des kleines Palastes

2

Seite 59

ins Wadi Sirhan diente. Das „Palästchen“ (Qusair ist der Diminutiv von Qasr, arab. für „Palast“) wurde, so nimmt man zumindest an, zwischen 705 und 715 von Kalif Walid I. errichtet. Seine überragende kunsthistorische Bedeutung verdankt es jenen Fresken – Bildern von Jagdszenen, Liebespaaren, Musikanten, halbnackten Tänzerinnen und auch Handwerkern, mit denen ein Großteil seines Inneren bedeckt war und teilweise noch ist. Besonders eindrucksvoll sind, neben dem Porträt des Kalifen im reich ausgestalteten Thronsaal, die Darstellungen in der Audienzhalle. Deren Westwand wird vom Bild der großen, von ihrem Hofstaat neugierig beobachteten Badenden dominiert. Daran anschließend sind sechs Herrscher zu sehen, darunter Cäsar (hier als Personifizierung des byzantinischen Reiches gemeint), Roderich, der letzte König der Westgoten, der letzte Sassanidenherrscher Chosrau und der Negus, seines Zeichens König von Äthiopien. Alois Musil meinte noch, sie symbolisierten die überwundenen Gegner des Islam. Inzwischen haben Orientalisten zweifelsfrei festgestellt, daß jene „Familie der Könige“ gemeint ist, der sich auch Walid zugehörig empfand. Apropos Fresken: Zu den schönsten Fresken von Qusair Amra zählen jene im Gewölbe des Schwitzbades, dem Caldarium. Sie stellen die erste in der Kunstgeschichte bekannte Abbildung des nächtlichen Firmaments auf einer Kuppel dar.

Nach einem Blick auf die etwas abseits stehende gut erhaltene Zisterne samt Brunnen nimmt man wieder Kurs Richtung Amman.

Der nächste Halt ist schon nach 16 km einzulegen. Dort thront links der Straße inmitten einer baumlosen Senke * **Qasr al-Kharana.** Die Festung mißt bloß 35 m², wirkt aber nichtsdestotrotz ungemein wuchtig, da die Außenmauern lediglich über schmale Lichtschlitze verfügen. Zudem sind die vier Ecken von kreisrunden, und die Längsfronten von halbrunden Türmen verstärkt. Die zwei Stockwerke sind in ihrem Inneren räumlich ähnlich gegliedert. Das untere diente einst teilweise als Stallung – hier sind noch die Reste großer Olivenpressen und Feuerstellen erkennbar, das – übrigens äußerst reich und vielfältig dekorierte – obere als Wohnraum. Vom Dach genießt man einen großartigen Blick hinab auf die Wüste.

Die Entstehung von Qasr al-Kharana liegt im dunkeln. Eine Inschrift im Hauptraum des Obergeschosses auf kufisch – so wird der frühnarabische, klobige, in Kufa (Irak) entstandene Schriftduktus genannt – beweist, daß es bereits 711 existierte. Die in den Stein des Hauptportals gravierten griechischen Inschriften hingegen legen die Deutung nahe, daß an derselben Stelle schon in römischer oder byzantinischer Zeit ein Vorgängerbau stand.

Populär ist auch die Erklärung, das Gebäude habe ursprünglich als eine der ersten islamischen Karawansereien gedient, wofür seine Lage am Knotenpunkt mehrerer uralter Karawanenrouten spricht. Fest steht lediglich, daß das Schloß von den Omaijaden genutzt worden ist.

Von Qasr al-Kharana kann man auf einer mit spitzen Steinen gespickten, gut 50 km langen Piste Richtung Süden ein weiteres Omaijadenschloß ansteuern – * **Qasr et-Tuba** (Alternativrouten führen von Azraq, beziehungsweise von Qatrana am Desert Highway bis hierher).

Voraussetzung für die holprige Fahrt sind ein stabiler Geländewagen sowie Erfahrung im Umgang mit Karte und Kompaß oder besser noch ein ortskundiger Führer.

Der Bau – er wurde kurz nach 740 von Walid II. begonnen – zählt mit den Maßen 140 mal 73 m zu den größten Wüstenschlössern der Omaijaden. Doch kann man bei Zeitnot auf die

Qasr Azraq: der drusische Führer an der schweren Steindrehtür

Besichtigung verzichten, da das Schloß durch den vorzeitigen Tod des Kalifen unvollendet blieb und die Dekorstücke im Lauf der Zeit entfernt wurden.

Zurück auf der Hauptroute von Azraq nach Amman, kommt man nach **Muwaqqar** und ist 35 km von Qasr al-Kharana entfernt. Hier erwartet den archäologischen Spurensucher ein nach wie vor benutztes Wasserreservoir aus römischer Zeit und der spärliche Rest eines omaijadischen Wüstenschlosses mit einer schönen kufischen Inschrift aus dem frühen 8. Jh.

Seite 59

Die letzte Etappe der „Schlösser-Schleife" führt 13 km auf einer Wüstenpiste südwestwärts zum ***Qasr al-Mushatta,** dem ursprünglich größten und am kostbarsten verzierten Omaijadenschloß auf dem Gebiet des heutigen Jordanien. Es grenzt unmittelbar an das Gelände von Ammans internationalem Flughafen, ist eingezäunt und von Militärs bewacht, und hat dementsprechend viel von seinem alten Reiz verloren. Die Anlage mißt gewaltige 144 m². Nicht minder eindrucksvoll war ihr Außendekor – wohlgemerkt „war", denn im Jahr 1903 machte der osmanische Sultan Abdul Hamid seinem deutschen Freund Kaiser Wilhelm II. einen Großteil der berühmten Südfassade zum Geschenk.

Seither schmücken nur noch Bruchstücke von Stuckornamenten das Eingangstor vor Ort. Sein zentraler Part, jenes Hauptwerk der frühislamischen Steinmetzkunst, dessen figürliche Motive Wissenschaftler fasziniert haben und lange Zeit über seine Herkunft rätseln ließen, ist in der Islamischen Abteilung des Pergamonmuseums in Berlin zu bewundern.

Auch das niemals fertiggestellte Schloßinnere ist nur noch in einigen Teilen vorhanden. Statt über die Piste, auf der man kam, nach Muwaqqar retour zu holpern, bietet sich für den Rückweg in die Hauptstadt die gut ausgebaute Flughafenautobahn an (Fahrzeit: ca. 20 Min.).

Route 3

Auf den Spuren der Bibel

Amman – Hisban – **Madaba – Libb

Wo Herodes auf Kur ging, Johannes der Täufer seinen Kopf verlor und Moses das Gelobte Land erstmals erblickte und wenig später starb ... Auf dieser Tour wandeln Sie wahrlich auf biblischen Spuren. Hisban, Berg Nebo und Machärus, das heutige Muqawir sind nur einige der mythischen Orte entlang dieser (einschließlich der Abstecher und der Rundfahrt um den Berg Nebo) rund 170 km langen Route. Ebenfalls auf dem Besichtigungsprogramm stehen die frühchristlichen Ruinen von Siyagha und El Mukhayyet sowie die weltberühmten Mosaiken von Madaba.

Als Zugabe tauchen Sie in eine spektakuläre Wüstenlandschaft und in die heißen Thermalquellen von Hammamet Ma'in ein. Erforderlicher Zeitrahmen: ein Tag, der allerdings sehr zeitig beginnen sollte.

Verläßt man die Hauptstadt Richtung Süden auf der Zahran Street, über den Dschebel Amman, ist nach knapp 20 km **Na'ur** erreicht. Dieser Ort, in dessen unmittelbarer Umgebung man Reste mehrerer Rundtürme aus der Eisenzeit nachgewiesen hat, wurde erst 1878 wiedergegründet, und zwar von Tscherkessen, jener muslimischen Volksgruppe aus dem östlichen Kaukasus, die in den siebziger Jahren des 19. Jhs. auf der Suche nach besseren Lebensbedingungen zu Zehntausenden in Vorderasien eingewandert sind.

Von hier, wo man erstmals einen schönen Panoramablick hinab auf das Jordantal genießt, führt die Königsstraße, der King's Highway, durch hügeliges und fruchtbares Ackerland nach **His-**

ban, dem biblischen Heschbon. „Dein Hals ist wie ein Turm von Elfenbein ... deine Augen sind wie die Teiche zu Hesbon“, schwärmte schon Salomo im Hohen Lied. Tatsächlich entdeckten amerikanische Archäologen hier eine 220 000 l fassende, beinah 3000 Jahre alte Zisterne. Daß der Ort auch unter römischer, byzantinischer und selbst noch mameluckischer Herrschaft blühte, beweisen die Ausgrabungen diverser Wachttürme, Wohnhäuser und Grufften aus jenen Epochen, sowie zweier Basiliken mit ihren schönen Mosaiken.

Nachdem Hisban fast 500 Jahre unbesiedelt gewesen war, wurde es erst vor wenigen Jahrzehnten von Beduinen, die sich hier niederließen, wieder zum Leben erweckt.

Auf eine nicht minder bewegte Vergangenheit blickt ** **Madaba,** der 10 km weiter südlich gelegene Handelsstützpunkt an der Königsstraße zurück: Wie auch Hisban ging es von den Moabitern in die Hände der Amoriter und schließlich der Israeliten über.

Einen ersten wirklichen Aufschwung erlebte Madaba nach endlosen kleinstaatlichen Zwistigkeiten unter den Römern. Damals genoß es ähnlich große Bedeutung wie Gerasa/Jerash, Philadelphia/Amman und Pella. Aus dieser Blütezeit haben sich allerdings nur eine Zisterne und ein paar verstreute Säulen- und Tempelreste erhalten.

Weitaus eindrucksvoller sind die Zeugnisse aus der byzantinischen Epoche: Unter Justinian entstanden im 6. Jh. in der überaus wohlhabenden Christengemeinde vierzehn Kirchen (so der derzeitige Grabungsstand). Madaba bildete ein Zentrum der damals florierenden Mosaikkunst und betrieb sogar eine eigene Schule. Inspiriert von Musterbüchern, die im ganzen östlichen Mittelmeerraum zirkulierten, schmückte man mittels der verschiedenfarbigen, in der nahen Umgebung gebrochenen sogenannten Tesserae-Steinchen die Fußböden von Basiliken und Wohnresidenzen. Bevorzugte Motive waren

Eine wuchtiges Bollwerk: Die Festung Qasr al-Kharana

Qasr al-Mushatta fasziniert auch durch seine Stuckornamente

Ein Stadtbummel durch Madaba lohnt sich immer

3

Seite 59

3

Seite 59

dabei Darstellungen römisch-hellenistischer Mythenfiguren und exotischer Tiere sowie Fisch-, Jagd-, Tanz- und Badeszenen, aber auch architektonische Phantasielandschaften.

Nachdem die Perserheere (614) und ein Erdbeben (746) die Stadt heimgesucht hatten, sank sie für über tausend Jahre in einen Dornröschenschlaf, aus dem sie erst gegen Ende des 19. Jhs. wachgeküßt wurde. Als „Prinzen" betätigten sich rund 2000 Christen aus Kerak, die den menschenleeren Siedlungshügel zu ihrer neuen Heimat erkoren und beim Ausheben der Fundamente für ihre Häuser auf erste verschüttete Mosaike stießen. Von den Funden angelockt, hoben Archäologen bald weitere Schätze.

Heute ist Madaba geradezu ein Synonym für antike Mosaikenkunst. Nicht zufällig hat 1993 das jordanische Ministerium für Tourismus und Altertümer gerade in diesem 40 000-Seelen-Ort gemeinsam mit dem italienischen Mosaik-Institut aus Ravenna eine Schule ins Leben gerufen, in der Studenten das Restaurieren erlernen und zugleich nach weiteren Mosaiken graben.

Hauptattraktion des heutigen Madaba, dessen Labyrinth aus engen Gäßchen ein wenig das Flair eines europäischen mittelalterlichen Dorfes verströmt, ist die sogenannte **Palästina-Karte.** Sie befindet sich in der griechisch-orthodoxen, an ihrem offenen Turm mit vier Glocken erkennbaren St.-Georgs-Kirche (unweit der nördlichen Ortseinfahrt schräg gegenüber dem Resthouse gelegen; 🕓 jeweils tgl. im Sommer 7–19, im Winter 7–17 Uhr) und bedeckt eine Grundfläche von 15,5 x 6 m. Experten schätzen, daß sie um das Jahr 560 entstanden ist.

Ursprünglich zeigte das aus etwa 2,3 Mio. Steinchen zusammengesetzte Mosaik das gesamte Gebiet vom Nildelta im Süden bis zum Antilibanon im Norden, vom Mittelmeer bis zur Arabischen Wüste östlich der Linie Petra–Amman. Es sollte einer Theorie zufolge den Pilgern das Heilige Land in etwa aus jener Perspektive präsentieren, aus der es sich einst Moses vom Berg Nebo dargeboten hat.

Der vermutliche Hintergedanke dabei war, den frommen Betrachter zum Besuch weiterer Wallfahrtsstätten zu bewegen. Beim Bau der gegenwärtigen Kirche – sie wurde 1898 über den Ruinen eines byzantinischen Vorgängerbaus errichtet – wurde das Mosaik schwer beschädigt. Zudem bewirkte die Unsitte des Führers, es für Touristengruppen mit Wasser zu besprühen, um die Farben zum Leuchten zu bringen, daß sich große Teile aufwölbten und zu bersten drohten.

Dank der erstaunlich wirklichkeitsnahen Wiedergabe des Jordans und des Toten Meeres, der Mittelmeerküste, der Hügel von Samaria und Judäa sowie der wichtigsten Wadis der Wüste war es möglich, auch jene unter den insgesamt 150 dargestellten Orten zu identifizieren, die nicht mit griechischen Buchstaben bezeichnet sind. Das unübersehbare Zentrum bildet – der altchristlichen Auffassung vom Nabel der Welt gemäß – das heilige Jerusalem.

Wer Lust auf weitere Mosaike hat, sollte dem *Stadtmuseum* einen Besuch abstatten. Es liegt etwa 400 m südlich der St.-Georgs-Kirche in einer Sackgasse versteckt und birgt römische Statuen, frühchristliche Keramiken und Gläser, zeitgenössische Trachten, Waffen, Schmuckstücke sowie byzantinische Mosaike aus verschiedenen Häusern der Altstadt (🕓 Sa–Do 9–17, Fr und Fei 10–16 Uhr). Ebenfalls nähere Betrachtung lohnt das Bodenmosaik der ehemaligen *Apostelkirche*. Man findet es im Südosten der Stadt an der heutigen Ausfallstraße nach Kerak unter einer Art Hangar, der es vor Wind und Wetter schützt.

Und ein letzter Tip für den Bummel durch Madaba: Werfen Sie einen Blick in eine der Teppichwerkstätten im Ortskern. Die Stücke sind zwar von recht derber Konsistenz, dafür aber äußerst farbenfroh. Und ein vergnüglicher Plausch mit den Webern ist Ihnen allemal sicher.

🛈 Tourist Office direkt gegenüber der St.-Georgs-Kirche, 🕓 tgl. außer Fr 8–14 Uhr.

🏨 **Resthouse Madaba,** Malek-Hussein-Street, P.O. Box 547, ☎ (08) 54 40 69. Schräg vis-à-vis der St.-Georgs-Kirche. Als Spezialität gilt hier *Maqluba,* ein palästinensischer Eintopf aus Fleisch, Blumenkohl und Reis. ($)

„Mose stieg aus den Steppen von Moab auf den Berg Nebo, den Gipfel des Pisga gegenüber Jericho … Der Herr sagte zu ihm: Das ist das Land, das ich Abraham, Isaak und Jakob versprochen habe … Hinüberziehen wirst du nicht. Danach starb Mose, der Knecht des Herrn, dort in Moab, wie der Herr bestimmt hatte." So steht es im Deuteronomium, dem Fünften Buch Moses, geschrieben.

Jener legendenumwobene * **Berg Nebo** liegt wenige Kilometer westlich von Madaba und ist genaugenommen der Sporn eines Hochplateaus, das hier abrupt zum Toten Meer hin abfällt.

Die Aussicht über die farbig schattierten Steilhänge des Jordantals auf das Tote Meer und Jericho und bei klarem Wetter weiter bis nach Jerusalem und Bethlehem ist atemberaubend. Das Gelände war bereits lange vor der Ankunft der Juden im Gelobten Land bewohnt. Davon zeugen unter anderem rätselhafte Menhire, Gräber und Steinwerkzeuge, auf die man hier stieß.

Auf einer der drei Erhebungen des Berges Nebo befinden sich die Ruinen von **Siyagha,** was auf aramäisch soviel wie „Kloster" bedeutet. Bibelarchäologen vermuten, daß sie exakt den Ort des mosaischen Panoramaplatzes markieren. Tatsächlich erwähnte bereits Ende des 4. Jhs. eine Nonne namens Aetheria, die von der Iberischen Halbinsel oder aus Südfrankreich kam, in ihrem Pilgerbericht eine kleine Kirche an dieser Stelle, in der ägyptische Mönche

Ganz aus Mosaiksteinen: die Palästina-Karte

Eine Attraktion auf dem Berg Nebo: die Ruinen von Siyagha

Weit schweift der Blick vom Berg Nebo über das Jordantal

3

Seite 59

3
Seite 59

angeblich das Grab Moses' hüteten. Es hat sich herausgestellt, daß die Kirche bereits im 6. Jh. zu einer großen, dreischiffigen byzantinischen Basilika erweitert war. Die Fundamente mehrerer Nebenräume, eine angebaute Marienkapelle, das Baptisterium samt Taufbecken und phantastischen Mosaiken sind wie auch außerhalb der Kirchenmauern die Reste der Klostergebäude mit Zisternen, Öfen, Gräbern und Klausurzellen noch recht gut erhalten.

Fährt man vom Berg Nebo ein Stück zurück, sieht man linker Hand ins Tal der *Mosesquelle* (arab.: Ain Musa), hinab, wo im Schatten mächtiger Eukalyptusbäume das geweihte Wasser aus dem Fels sprudelt. Bei der ersten Gelegenheit geht es rechts ab und nach ungefähr 3 km ist

* **El Mukhayyet** erreicht, das allgemein als Platz der biblischen Stadt Nebo gilt. Bereits im Jahr 1901 bemerkte der Orientalist Alois Musil auf dieser Anhöhe Ruinen altchristlicher Baudenkmäler. Wenig später förderte man bei Erdarbeiten den Mosaikboden einer St. Lot und Prokopius geweihten Kirche zutage, der, neben vielen anderen, Szenen einer Weinernte zeigt und mittlerweile durch ein Gebäude gut geschützt wird.

Seither sind in unmittelbarer Umgebung die Reste dreier weiterer Kirchen aufgetaucht. Auch sie bergen wunderschöne Mosaikböden.

Die Berge von Moab bilden ein Auf und Ab, vergleichbar den Wellen jenes gigantischen Ozeans, der dieses Kalkmassiv vor Jahrmillionen bedeckte. Ein spektakulärer Brecher aus Fels stürzt aus einer Höhe von ungefähr 1400 m über dem Toten Meer in das Wadi auf 100 m über dem Spiegel des salzigen Binnenmeeres hinab. Auf dem Weg von Madaba über die fruchtbare Ebene bis zu dem Steilabbruch liegt **Ma'in,** ein frühes Zentrum des byzantinischen Ostjordanlandes mit heute überwiegend christlicher Bevölkerung. Dahinter schraubt sich die Straße mit bis zu 15 % Gefälle in Serpentinen durch die zerklüftete Wüste hinab nach * **Hammamet Ma'in,** einem landschaftlichen Höhepunkte jeder Jordanien-Reise.

An die sechzig Quellen sprudeln hier aus der Tiefe. Ihr bis zu 60 °C heißes mineralhaltiges Wasser stürzt über haushohe, mit Kalksinter überzogene Felswände (die spektakulärste Kaskade wird abends mit Scheinwerfern angestrahlt), sammelt sich dampfend in natürlichen Becken um schließlich ins Tote Meer abzufließen. Könige haben hier gebadet – Herodes vor 2000 Jahren, als der Ort noch Callierhoe (arab. für „Schönbad") hieß, ebenso wie der gegenwärtige, König Hussein. Rheumatismus, Arthritis, Schuppenflechte, diverse Atem-, Kreislauf- und Verdauungsbeschwerden ... die Liste der Indikationen, gegen die das mit Soda, Schwefel, Kalzium, Natrium und Magnesium angereicherte Thermalwasser zusammen mit dem besonderen Klima hilft, ist schier endlos.

Vor einigen Jahren hat man hier einen riesigen Hotelkomplex namens *Ma'in Spa Village* eröffnet. Hinter der schnöden Fassade verbirgt sich ein hochmodernes Kur- und Behandlungszentrum mit Viersternehotel (Ma'in Spa Village, P.O. Box 801, Madaba, 54 55 00, 54 55 50;), Chalets, Diskos, Geschäften sowie Bädern und Swimmingpools.

Das Tote Meer ist von Hammamet Ma'in aus zu Fuß so gut wie nicht erreichbar. Der Abstieg durch die glitschig-nasse Schlucht wäre allzu gefährlich. Durchaus machbar ist jedoch eine Wanderung in die Gegenrichtung – bergauf, zwischen Oleander, Tamarisken und gewaltigen Felsblöcken durch das *Wadi Zarqa Ma'in*. Unbedingt zu empfehlen sind allerdings sicherheitshalber ein Begleiter und feste Schuhe – und: Mit einem unfreiwilligen Bad ist zu rechnen.

13 km weiter auf dem Königsweg Richtung Süden liegt *Libb*. Von hier führt ein lohnender Abstecher nach rechts

über eine schmale Asphaltstraße nach **Muqawir,** dem biblischen Machärus. Der Ort selbst bietet lediglich eine byzantinische Kirchenruine sowie Fragmente antiker Architektur, aber an seinem Westrand erblickt man vor der beeindruckenden Kulisse des Toten Meeres einen stumpfen fast 700 m hohen Bergkegel. Dieser wird von den Ruinen der antiken Festung Machärus bekrönt, die schon der römische Chronist Flavius Josephus als „uneinnehmbare Burg" beschrieb. Ihr heutiger Name: **Qasr el-Meshneqeh,** was soviel wie „Galgenburg" bedeutet.

Ursprünglich von dem Hasmonäer Alexander Iannäus (103–76 v. Chr.) errichtet, wurde sie auf Betreiben Herodes des Großen (um 30 v. Chr.) massiv ausgebaut und durch weitläufige Palastanlagen, die auch luxuriöse Thermen umfaßten, ergänzt. Spezielle Berühmtheit gewann die Festung, von der aus man bei guter Sicht die Türme auf dem Jerusalemer Ölberg erkennen kann, durch Johannes den Täufer, der hier kurz nach der Zeitenwende eingekerkert und enthauptet worden ist. Der Tetrarch Herodes Antipas, der hier als einer der Nachfolger seines Vaters Herodes des Großen residierte, hatte eine nabatäische Königstochter aus Petra geehelicht, diese aber zugunsten seiner Schwägerin Herodias verstoßen. Als Johannes ihn deswegen tadelte, ließ ihn der Tyrann kurzerhand verhaften. Die durch Schauspiel, die berühmte Oper von Richard Strauss, und bildende Kunst nach wie vor bekannte Fortsetzung der Tragödie, wie sie unter anderem auch Matthäus in seinem Evangelium beschrieb: Bei seinem Geburtstagsfest war der König so sehr vom Tanz der Salome, der Tochter der Herodias, angetan, daß er gelobte, ihr jeden Wunsch zu erfüllen. Das reizende Fräulein ließ sich daraufhin auf einer silbernen Schale den Kopf jenes asketischen Bußpredigers servieren.

Der Rückweg nach Amman erfolgt wiederum über Libb, Madaba, Hisban und Na'ur.

Hammamet Ma'in, ein Muß für jeden Jordanien-Reisenden

In der „Galgenburg" wurde Johannes der Täufer enthauptet

3

Seite 59

Route 4

Auf der Straße der Könige

Von Amman nach Aqaba

Natürlich ließe sich die Fahrt von Amman in den äußersten Süden des Landes, nach Aqaba, auch über den rund 380 km langen, bis zu vierspurigen Desert Highway nonstop in knapp fünf Stunden bewältigen. Doch das soll den ganz Eiligen überlassen werden, denn diese Strecke ist zwar bequem, doch ziemlich uninteressant und zudem sehr verkehrsreich. Ungleich lohnender, wenn auch zeitaufwendiger, ist die Route über den weiter westlich gelegenen King's Highway, den Königsweg. Er schlängelt sich durch eine spektakuläre Berglandschaft, die im ganzen Nahen Osten nicht ihresgleichen hat, vorbei an den Resten nabatäischer und römischer Siedlungen, an Kreuzfahrerburgen und Stätten der Bibel.

Die Strecke bis ans Rote Meer ist, vorausgesetzt Sie besuchen Petra später von Aqaba aus, an einem Tag zu bewältigen. Um für das Wadi Mujib, Kerak, Shaubak und die weiteren Sehenswürdigkeiten ausreichend Zeit zu haben, sollten Sie allerdings sehr früh aufbrechen. Wer die Dinge ganz genau erkunden und Abstecher unternehmen will, der sollte eine Nacht im Resthouse von Kerak einschieben.

4
Seite 73

Es gibt wohl kaum eine andere Straße auf der Welt, die während vieler Jahrtausende so oft und heiß umkämpft und gleichzeitig durch die Anwesenheit so unterschiedlicher Zivilisationen ausgezeichnet worden ist wie der durch die tiefen Täler östlich des Toten Meeres verlaufende **Königsweg.** Moses führte auf ihm die Kinder Israels aus Ägypten und Alexander der Große seine mazedonischen Truppen. Römische Kohorten, Byzantiner, die ersten Muslime aus Mekka, fränkische Kreuzritter, die Türken und auch Lawrence von Arabien mit seinen Beduinen zogen über diesen Weg und versuchten mehr oder weniger erfolgreich, ihn zu kontrollieren.

Doch nicht nur Armeeführern, auch Händlern diente der Königsweg seit biblischen Zeiten als Verbindung zwischen dem Gebiet des Fruchtbaren Halbmonds im Norden einerseits und dem Roten Meer, dem Land am Nil und der Arabischen Halbinsel anderseits. Legendären Ruhm genießen die Nabatäer (s. S. 36), deren Karawanen auf dem Königsweg Weihrauch und Myrrhe, Gewürze, Gold und Edelsteine aus Südarabien, Somalia und Äthiopien ans Mittelmeer transportierten.

Erst seitdem die Nomadenstämme endgültig befriedet sind, also seit zwei bis drei Generationen, wurde der Königsweg als Haupthandelsweg von der bis dahin viel unsichereren Wüstenstraße im Osten abgelöst.

Der Tariq as-Sultani oder Sultansweg, wie die Einheimischen den King's Highway auch nennen, beginnt im Norden in der Hauptstadt Amman. Die ersten etwa 50 km haben Sie bereits auf dem Tagesausflug nach Madaba und Muqawir kennengelernt (s. S. 65). Neuland wird südlich von *Libb* erreicht. Dort windet sich die Straße vom Hochplateau in zahlreichen Kehren hinab in das *Wadi Wala*. Wen nach einem Picknick oder einem erfrischenden Bad gelüstet, der folgt einem anfangs asphaltierten, später recht staubigen 8 km langen Sträßchen am Südufer des Bächleins entlang zu mehreren idyllisch gelegenen, natürlichen Wasserbecken.

Kurz nachdem man sich wieder bis auf 700 m hochgearbeitet hat, gelangt man nach **Dhiban.** Der Ort, das antike *Dibon*, ist berühmt für seine reichen Funde, die teilweise bis in die Bronzezeit (um 3000 v. Chr.) zurückreichen. Das wohl interessanteste Stück ist der sogenannte Mescha-Stein, eine Inschriftenstele aus dem Jahr 850 v. Chr., die detailreich von den Taten des moabitischen Königs Mescha im Krieg gegen die Israeliten erzählt und als das älteste bekannte Schriftstück in hebräischer Sprache gilt. Das Original steht mittlerweile im Louvre. Abgüsse werden in den Museen von Amman, Madaba und Kerak gezeigt. Die archäologischen Funde vor Ort sind für Amateurarchäologen nur von begrenztem Reiz.

Lohnender ist ein Abstecher zur Ruinenstätte von **Umm ar-Resas** (Abzweigung bei der Polizeistation von Dhiban Richtung Osten auf der Asphaltstraße). Diese vermutlich von den Römern angelegte quadratische Siedlung besteht zwar, sieht man von der teilweise erhaltenen Stadtmauer und dem etwas außerhalb im Norden 15 m hoch aufragenden Turm ab, nur aus Trümmern, doch birgt sie Teile von mehreren byzantinischen Kirchen – darunter die erst kürzlich freigelegten interessanten Bodenmosaiken aus der Stephanskirche, auf denen unter anderem mehr als ein Dutzend historischer Städte dies- und jenseits des Jordan abgebildet sind. Zudem eröffnen sich bei der Anfahrt immer wieder großartige Landschaftspanoramen.

Letztere sind freilich nur ein Prolog für jene geradezu dramatische Szenerie, die sich kurz hinter Dhiban an der Hauptstraße entfaltet:

400 m tief und 4 km breit klafft hier ein Riß im Plateau, der nicht grundlos den Beinamen „Jordaniens Grand Canyon“ trägt – das ** **Wadi Mujib.** Der Arnon, das Bächlein auf dem Grund des Cañon, bildete in biblischer Zeit die Grenze zwischen Moab im Süden und dem Reich Davids im Norden.

Über 20 km benötigt die Straße, um in unzähligen Haarnadelkurven an sein Ufer hinab und vis-à-vis wieder hinauf zum Südrand der Schlucht zu klettern, an dem übrigens noch ein paar römische Meilensteine die Fahrbahn säu-

Das Wadi Mujib, Jordaniens Grand Canyon

Blick vom Burgfried der Kreuzfahrerburg Kerak

Karg ist das Mahl auch für Tiere im Wadi el-Hasa

4
Seite 73

men. Am Nordrand sollten Sie keinesfalls den atemberaubenden Blick von der Aussichtsplattform versäumen. Wer weiß, wie lange er sich so noch bietet, planen doch die Behörden den Bau eines Staudamms.

Etwa 30 km weiter südlich schiebt sich zwischen Kornfeldern und Olivenhainen gelegen von weitem schon die Kreuzfahrerburg ** **Kerak** ins Blickfeld. 950 m ist der Hügel hoch, auf dessen Spitze sie thront – Seehöhe über Null ist gemeint, was man hier, keine 20 km Luftlinie von der tiefsten Depression der Erdoberfläche entfernt besser dazusagen sollte, um Mißverständnissen vorzubeugen.

Die moderne Stadt Kerak zählt 20 000 Einwohner und ist Hauptstadt der gleichnamigen Provinz. In der Bibel ist sie als Kir-Heres, „Scherbenstadt“ erwähnt. In byzantinischen Zeiten war sie Bischofssitz, und noch im 14. Jh. bestand die Bevölkerung mehrheitlich aus Christen. Vom touristischen Standpunkt aus hat die Stadt allerdings lediglich ihre malerische Lage zu Füßen der Burg und das von der Regierung betriebene Resthouse zu bieten.

4

Seite 73

Die alles überragende Festung wurde 1142 von Payen Le Bouteiller, dem Verwalter der fränkischen Provinz Oultrejourdain errichtet. Strategisch überaus günstig, weil einen Tagesritt sowohl von Shaubak als auch von Jerusalem entfernt gelegen, bildete die Feste ein wichtiges Glied in jener Kette von Burgen, die die europäischen Invasoren von der Südtürkei über das heutige Syrien bis an das Rote Meer spannten.

Dieses Wunderwerk des Festungsbaus der ansonsten alles andere als fortschrittlichen Christen hielt über vierzig Jahre lang, genau bis 1188, mehreren Anstürmen muslimischer Heere stand. Dann fiel die Feste in Saladins Hand. Die erste Tat des ajjubidischen Heerführers, der den Kreuzrittern im Jahr davor bei Hittin eine vernichtende Niederlage zugefügt hatte, bestand darin, Rainald von Chatillon, den damaligen Herren über die Burg, eigenhändig umzubringen – was ihm bei einem derart übel beleumundeten Kerl kaum zu verargen ist. Denn nicht nur, daß dieser Rainald muslimischen Karawanen und auch nach Mekka wandernden Pilgern exorbitante Zölle abverlangte und sie häufig überfie, er brach auch regelmäßig Verträge und hatte sich zudem den Ruf eines notorischen Sadisten erworben. So ließ er beispielsweise seinen Feinden, die er von den Burgzinnen stürzte, eine Holzkiste über den Kopf stülpen, auf daß sie das Bewußtsein erst verloren, wenn sie auf dem Boden aufschlugen.

Im Mittelalter betrat man die Zitadelle durch gut zu verteidigende Felstunnel, heute gelangt man über den aufgefüllten Burggraben durch ein Eisentor ins Innere. Der 250 m lange und bis zu 135 m breite Bau wurde in jüngster Zeit zwar teilweise restauriert, doch wirkt das Labyrinth aus Türmen, Wehrmauern, Höfen, Zisternen, großen Hallen und einer Kapelle immer noch recht desolat. Die ursprünglichen Funktionen der einzelnen Räume sind höchstens zu erahnen. Gut unterscheiden lassen sich hingegen die fränkischen von den später hinzugefügten arabischen Bauteilen. Denn die Kreuzritter verwendeten vulkanischen, rötlichschwarzen Fels, die Muslime benutzten grau-gelbliche Kalkblöcke.

Den etwas enttäuschenden Zustand der Burg macht die Aussicht, die man von ihrem oberen Hof genießt, mehr als wett. Sie reicht an klaren Tagen bis nach Jerusalem. Den baulichen Höhepunkt bilden die gewaltigen Gewölbegänge und Säle im Kellergeschoß. Einen Besuch verdient das kleine Museum in der Unterburg. Es zeigt Grabungsfunde und historische Fotos von Stadt und Festung.

(🕓 Zitadelle: tgl. von Sonnenauf- bis Sonnenuntergang; Museum: tgl. außer Di 9–17 Uhr).

🏨 **Resthouse Kerak,** P.O. Box 95, Amman, ☎ 35 11 48. Das kleine Rasthaus in unmittelbarer Nähe zur Burg bietet einfache aber durchaus akzeptable Zimmer sowie einen phantastischen Rundblick über die Täler und Wälder der Umgebung. Reservierung empfehlenswert. $ (Das hauseigene Restaurant läßt allerdings zu wünschen übrig. $)

Castle Hotel, gleich in der Nähe des Resthouses, ☎ 35 24 89. Saubere Billigherberge mit einem schlichten Restaurant im Erdgeschoß. $

Ⓡ Mehrere einfache, aber exzellente Restaurants, die u. a. reichhaltige Mezze-Buffets anbieten. (Al-Qala'at Street, letzte Straße links vor der Burg); darunter das **Abu'l-Fida** und das **Salam.** $

Wer auf den Spuren der Bibel wandeln will, sollte von Kerak aus einen Abstecher zum Toten Meer unternehmen. Wo das Vorgebirge el-Lisan als Halbinsel in das Wasser ragt, befanden sich, so behaupten zumindest die Jordanier, die Städte **Sodom und Gomorrha.**

Zu sehen gibt es allerdings wenig: viel Salz und Schwefel, und jene Säule, in die Lots Frau angeblich verwandelt wurde, weil sie sich entgegen dem Verbot Gottes nochmals umdrehte. Seltsam ist nur, daß es offensichtlich zwei Ausgaben der verruchten Stätte Sodom gibt. Auch die Israelis behaupten, das echte Sodom sei an ihrem, dem westlichen Ufer gelegen. Und auch dort bekommen Touristen Lots zu Salz erstarrte Frau gezeigt.

Ob Edomiter gegen Moabiter, Araber gegen Christen oder Türken gegen Araber – in fast jedem Ort entlang der Königsstraße stößt man auf Zeugnisse des endlosen Ringens der Religionen und Völker dieser Region. Berühmtes Beispiel ist das Zwillingsdorf von *Mutah* und *Mazar* (10 km südlich von Kerak). In Mutah fand 629 die erste Schlacht zwischen den Byzantinern und den Muslimen aus Mekka statt. Zwei der arabischen Heerführer, die dabei umkamen – immerhin die ersten Märtyrer des Islam – fanden in Mazar

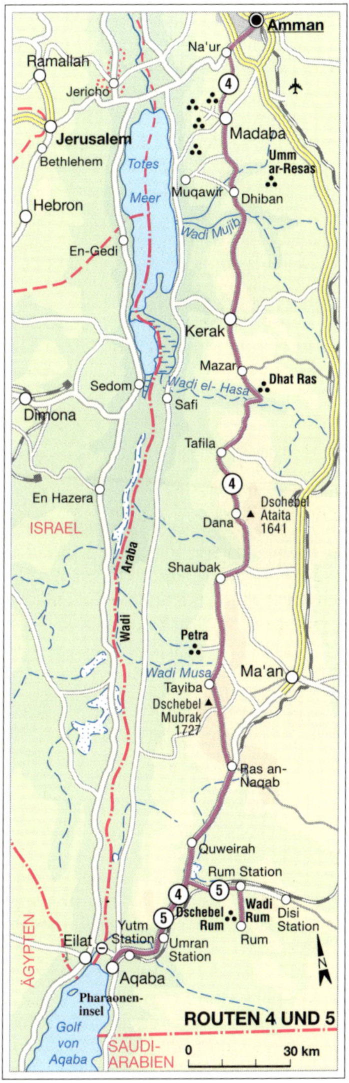

4
Seite
73

die letzte Ruhe. Im Vorraum ihrer Grabmoscheen ist in Kufi-Lettern die Koransure eingraviert: „Beklagt nicht die, die auf dem Wege Allahs fielen. Sie sind nicht tot. Sie leben, und ihr Gott gibt ihnen Lohn."

Kurz hinter Mazar zweigt links eine Straße zu dem Dorf *Dhat Ras* ab, das für seinen nabatäisch-römischen Tempel bekannt ist. Auf der Hauptroute tut sich wenig später erneut ein gewaltiger Cañon auf: das * **Wadi el-Hasa.** Dieser über 800 m tiefe Graben bildete einst die Grenze zwischen den Reichen von Moab und Edom. Außerdem trennt er zwei unterschiedliche Landschaften: Denn führte die Route bisher über relativ sanfte, hügelige Plateaus, so wird das Land ab nun schroffer und von tieferen Tälern zerfurcht sein.

4

Seite 73

Ein kulinarischer Tip: Wenn Sie im Sommer unterwegs sind, probieren Sie die köstlichen Kaktusfeigen, die man dann hier überall am Straßenrand feilbietet.

Der malerisch inmitten von Obst- und Olivenhainen gelegene Marktflecken **Tafila,** den man nach rund 25 km erreicht, ging in die Geschichte als Schauplatz jener Schlacht ein, bei der Oberst Lawrence 1918 mit seinen arabischen Beduinenkämpfern das einzige Mal in direkter Konfrontation mit osmanischen Verbänden militärisch die Oberhand behielt (s. S. 14).

Weitere 25 km südwärts kommt man nach * **Dana.** Es liegt am Anfang eines zerklüfteten Tals, das Richtung Westen zum Wadi Araba abfällt, und gilt als das Dorf mit dem grandiosesten Panorama und der klarsten Luft im ganzen Königreich. Umgeben ist das aus hübschen alten Häuschen bestehende Dorf – die moderne Betonsiedlung wurde glücklicherweise ein Stück hangaufwärts hingepflanzt – von einem Wildreservat. Dieses wird von der Royal Society for the Conservation of Nature (RSCN) betreut und stellt eines der letzten Refugien für Leoparden, Antilopen, nubische Steinböcke und andere akut bedrohte Arten im Vorderen Orient dar.

Die Stadt * **Shaubak** liegt etwa 30 km südlich von Dana. Von ihr zweigt rechts ein Sträßchen zur Ruine der gleichnamigen Kreuzfahrerburg ab. Montreal oder Mons Realis, der „Königliche Berg" wie abendländische Quellen diesen ersten Stützpunkt der Franken in Oultrejourdain nannten, wurde 1115 von Balduin I. erbaut und 1189 von Saladin erobert. Wenig später bauten die Mamelucken vor allem die Außenanlage mit großem Aufwand aus. Ende des 19. Jhs. schließlich wurde der Bau von den Osmanen als Militärunterkunft genutzt, und in der Folge von den Bauernfamilien der Umgebung mehrere Generationen lang zum Privatquartier umfunktioniert. Heute präsentiert sich die Festung weitgehend zerstört. Erhalten blieben die Ecktürme, einige Schießscharten, zwei Kirchen sowie Zisternen und ein tiefer Brunnen. In letzteren können Abenteuerlustige – hinter einem Führer – über 356 in den Fels gehauene Stufen hinabsteigen.

Fährt man auf dem Königsweg Richtung Süden weiter, taucht nach rund 30 km, kurz nachdem man dem Wegweiser zum Ort **Wadi Musa** gefolgt ist, jene grandiose Gebirgskulisse aus rötlichem Sandstein auf, hinter der sich Jordaniens allergrößte Attraktion *** *Petra* (s. S. 36) verbirgt. Der moderne Bau mit den drei weißen Kuppeln am Ortseingang birgt Ain Musa, die berühmte Mosesquelle. Der Stein, unter dem die Quelle entspringt, zeigt angeblich noch die Spuren jenes Hirtenstabs, mit dem der übrigens auch von Muslimen verehrte Prophet Moses einst Wasser schlug.

Ⓗ **Ma'an Resthouse/Hotel Khoury,** P.O. Box 2863, ☎ 3 20 81. Wenn es für die Weiterfahrt nach Aqaba zu spät geworden ist und die Hotels rund um

Buntes Treiben im Bootshafen von Aqaba

40
MARINER

Petra ausgebucht sind, ist dieses am Desert Highway in Ma'an gelegene Hotel eine Alternative. Es bietet zwar nur mäßigen Komfort, seine mit Uhren, Waffen und kuriosen Lampen ausgestattete Bar ist aber allemal einen Aufenthalt wert. ($)

Nun folgt man – nach einem kurzen Umweg über **Tayiba,** von wo noch einmal das Panorama auf die Berge rund um Petra und Beidha zu genießen ist – dem Königsweg. Er mündet wenig später in den Desert Highway.

Nächste Station ist das über einen weiteren Umweg auf der alten Straße erreichbare **Ras an-Naqab.** Von hier fällt das Land abrupt 600 m tief in die von rötlichen Felskuppen, -klippen und Tafelbergen durchsetzte Ebene von Quweirah ab – ein unvergeßlicher Anblick, der einen Vorgeschmack auf das nahe Wadi Rum gibt.

4

Seite 73

5 km südlich von *Quweirah*, der einzigen Stadt zwischen Ma'an und Aqaba, zweigt die Straße zum ***__Wadi Rum__ ab. Man läßt sie am besten links liegen, um später im Rahmen einer eigenen Tour wiederzukehren (s. S. 79), und steuert ** **Aqaba** an, die Endstation der Tagesreise.

Jordaniens einzige Stadt am Meer zählt zur Zeit etwa 75 000 Einwohner, Tendenz rapide steigend. Diesen Boom verdankt sie ihrer besonderen Bedeutung als Hafen. Schon vor knapp 3000 Jahren schmolz man hier das im Wadi Araba geförderte Kupfererz, um das kostbare Metall anschließend per Schiff abzutransportieren. König Salomo, der hier angeblich die Königin von Saba empfing, errichtete an dieser Stelle, die damals Elat hieß, einen Seestützpunkt. Auch die Römer unterhielten eine Garnison, und im Mittelalter errichteten die Mamelucken zum Schutz der Pilgerscharen, die hier auf dem Weg nach Mekka Station machten, eine starke Feste. Unter den Osmanen verfiel der Ort über 400 Jahre lang zu einem unscheinbaren Fischerdorf, was er auch blieb, nachdem T. E. Lawrence und seine Beduinenkämpfer den Ort 1917 im Handstreich eroberten und so den Waffennachschub aus Ägypten sicherstellten. Ein wirklicher Aufschwung setzte erst 1954 ein, als man mit dem Ausbau des Hafens begann. Heute werden hier das Phosphat aus der Wüste, die Pottasche vom Toten Meer und die in Aqaba produzierten Düngemittel in alle Welt verschifft. Während der acht Jahre des irakisch-iranischen Kriegs bildete die Straße von Aqaba nach Bagdad für den Irak die einzige Verbindung zur Welt und dementsprechend florierte der Transithandel.

Doch Aqabas Vorzüge beschränken sich nicht auf wirtschaftliches und strategisches Gebiet. Seine Bucht, in der auf engstem Raum die Grenzen von vier Staaten – nämlich Saudi-Arabien, Ägypten, Israel und Jordanien – aufeinanderstoßen, erfreut sich eines gesegneten Klimas. So kann es im Winter

Die Zeit der Kreuzzüge

„Deus lo volt" schrie die Masse begeistert nach der Rede von Papst Urban II. am 27. November 1095 in Clermont. An jenem Tag wurde der Erste Kreuzzug (1096–1099) ausgerufen. Die Gründe für die Entstehung der Kreuzzugsbewegung, die „bewaffneten Wallfahrten" ins Heilige Land, waren politischer, wirtschaftlicher, sozialer und zum Teil auch religiöser Natur. Daß sich dabei die Ziele des Papstes, dem sich die „Militia Christi" verpflichtet fühlte, von jenen der Ritter unterschieden, zeigte sich deutlich im Laufe des 12. und 13. Jhs.

Für den Erfolg des Ersten Kreuzzugs spielte die Uneinigkeit der Muslime eine bedeutende Rolle. Bei der Eroberung Jerusalems 1099 fand der Siegesrausch keine Grenzen: Es kam zu einem grausamen Gemetzel an der Bevölkerung. Auch wenn nach der Festsetzung der Kreuzritter im Vorderen Orient und

passieren, daß die Quecksilbersäule, während sie in Amman gegen Null sinkt, hier am Meer 20 °C anzeigt. Neben den moderaten Temperaturen sind es vor allem die über 20 km langen Sandstrände, das kristallklare Wasser und die traumhaft schönen Korallenriffe, die stetig wachsende Touristenströme aus Europa und den arabischen Nachbarländern anlocken. Der Ort gilt ebenso wie auch das benachbarte Eilat und Ras Mohammed in Ägypten als eines der schönsten Tauchgebiete der Welt (s. S. 25).

Trotz all dieser Attraktionen ist Aqaba bisher ein recht beschauliches Städtchen geblieben. Die wenigen Luxushotels ragen keineswegs hoch in den Himmel. Das Nachtleben ist nicht der Rede wert. Und die Strände sind alles andere als überfüllt. Eine Alternative zum Tauchprogramm bieten einige große Hotels mit organisierten Meeres-

Abendstimmung am Strand bei Aqaba

4

Seite 73

der Bildung von Kreuzfahrerstaaten die Eroberungen zu Beginn des 12. Jhs. zügig vonstatten ging und im Laufe weniger Jahre fast die gesamte syrisch-palästinensische Küste in den Händen der Franken war, gebot die Gegenoffensive Zengis und seines Sohnes Nur ad-Din deren Vordringen Einhalt. Im Jahr 1144 eroberte Zengi Edessa zurück, worauf der Zweite Kreuzzug ausgerufen wurde. Die Kreuzritter sahen sich nun einem starken Gegner gegenüber. Denn Nur ad-Din gelang es, die Muslime zu vereinigen und sie unter der Flagge des Dschihads, des Heiligen Krieges, gegen die „Eindringlinge" siegreich zu führen.

Wenige Jahre später betrat Saladin die politische Bühne. Ihm gelang es nicht nur – in der Schlacht bei Hittin im Jahr 1187 – den Kreuzrittern eine entscheidende Niederlage zuzufügen. Er entriß ihnen wenig später auch die Heilige Stadt Jerusalem. Erneut wurde im Abendland ein Kreuzzug ausgerufen, der diesmal allerdings zum Abschluß eines Waffenstillstands zwischen dem ajjubidischen Sultan, Richard Löwenherz und dem französischen König Philipp II. August führte. Im 13. Jh. kam es zwar noch zu diversen Appellen, sich an weiteren Kreuzzügen zu beteiligen. Diese waren jedoch erfolglos und brachten für die Europäer fast nur Verluste mit sich.

Zu erwähnen sei auch noch der Fünfte Kreuzzug des Staufers Friedrich II., der nach Abschluß des Vertrages von 1229 Jerusalem kurzfristig für die Christen zurückgewann. Dieser kleine Erfolg brachte jedoch keine grundlegende Wende, denn die Nachfolgedynastie der Ajjubiden, die Mamelucken, eroberten nach und nach alle fränkischen Stützpunkte zurück. 1291 fiel Akkon, und die letzten Besitzungen in Palästina (Tyrus, Beirut, Sidon) mußten aufgegeben werden.

fahrten in besonderen Booten, durch deren gläserne Böden die Unterwasserwelt zu beobachten ist. Sehenswert sind darüber hinaus das in einer alten Karawanserei installierte Museum mit Fundstücken aus örtlichen Grabungen (☎ 3 13 37 31, ⏲ tgl. 9–17 Uhr) und das Aquarium der „Aqaba Marine Science Station" (☎ 31 51 44 oder 31 51 45; ⏲ tgl. 8–17 Uhr).

Apropos Nachbarn: Wer bis vor kurzem den nur einen Steinwurf entfernten israelischen Badeort Eilat besuchen wollte, mußte rund 400 km nordwärts zur Allenby-King-Hussein-Brücke fahren, um dann die gleiche Strecke jenseits der Grenze wieder zurückzulegen. Seit 1994 ist es – ein Ergebnis des Nahost-Friedensprozesses – möglich, die Grenze direkt zu überqueren.

4

Seite 73

Seit längerem – bereits ohne nennenswerte bürokratische Hindernisse – läßt sich der interessante Tages- oder Halbtagsausflug per Boot hinüber zur **Pharaoneninsel** unternehmen. Auf dem winzigen, 7 km vor Aqaba und 250 m vor der Sinaiküste aus dem Meer ragenden Vulkanfels, der heute zu Ägypten gehört, errichtete Balduin I. im 12. Jh. eine Burg, die Ile de Graye hieß. Die Anlage wurde vor einigen Jahren komplett renoviert und umfaßt nun neben Wohnhäusern, Bädern, einem Taubenturm und einer Moschee auch ein kleines Restaurant mit einer künstlichen Lagune, in der sich angenehm schwimmen und schnorcheln läßt.

ℹ Touristenbüro in unmittelbarer Nähe der Burg, ☎ 31 37 31; ⏲ im Winter tgl. 8–14, im Sommer 8 bis 17 Uhr.

✈ Die Royal Jordanian verkehrt täglich mehrmals zwischen Amman und Aqaba.
🚌 JETT-Busse verbinden fünfmal täglich Aqaba mit der Hauptstadt. Zusätzlich geht jeden Tag ein JETT-Bus nach Kairo.
⛴ Zwischen Aqaba und Nuweiba (Ägypten) verkehren mehrmals täglich Fähren. Die Tickets kauft man am besten einen Tag vorher. Die Bootsausflüge auf die Pharaoneninsel werden vom Aquamarina-Hotel aus organisiert.

Ⓗ **Al-Cazar,** P.O. Box 43, Al-Corniche Street, ☎ 31 41 31, FAX 31 41 33. Ein moderner Bau ein paar hundert Meter vom Strand entfernt, angeschlossen ist eine Tauchschule, in der man auch die Ausrüstung mieten kann. $$
Aqaba Gulf Hotel, P.O. Box 1312, Al-Corniche Street, ☎ 31 66 36, FAX 31 82 46. Das neue Haus – das luxuriöseste am Platz – bietet von seinen modern ausgestatteten Zimmern einen herrlichen Meerblick. $$$
Aquamarina Hotels, P.O. Box 96, ☎ 31 62 50, FAX 31 42 71. Die insgesamt drei Anlagen sind zugleich ein Tauchzentrum; hier werden auch Bootsausflüge auf die Pharaoneninsel organisiert. $$
Tabouk Hotel, ☎ 324 52, an der Hauptstraße ist die Adresse für Reisende mit schmaler Brieftasche. Das Bad befindet sich auf dem Gang, dafür ist im Haus ein durchaus passables Restaurant untergebracht. $

Ⓡ **Captain,** Nahda Street, ☎ 31 69 05, in der City, gegenüber dem Al-Cazar-Hotel. *Der* Fischspezialist: Alles, was der Golf hergibt, liegt hier abends als Augen- und Gaumenschmaus lecker zubereitet auf dem Teller. $$$
Mina House, Floating Restaurant, am Hafen von Aqaba, ☎ 31 26 99. Ein exzellentes Lokal, um Köstlichkeiten aus dem Meer zu kosten, der Spezialtip: Harida-Fisch! $$$
Aqaba Gulf Restaurant, Al-Corniche Street, ☎ 31 66 36. Hier wird ein repräsentativer Querschnitt durch die jordanische Küche geboten. Besonders empfehlenswert ist das opulente Frühstück. $$
Al-Sham, Al-Corniche Street, ☎ 31 47 88. Bei Spezialitäten der Landesküche und aus dem Meer hat man vom ersten Stock aus einen schönen Blick auf die Moschee und die Bucht. $$

Route 5

In die Zauberlandschaft des Lawrence von Arabien

Das ** Wadi Rum

Etwa 50 km östlich von Aqaba erstreckt sich eine der faszinierendsten Wüstenlandschaften der Welt – das surreal wirkende, von wild zerklüfteten Granit- und Sandsteingipfeln eingefaßte Wadi Rum. Wer dieses wahlweise mit dem Mietauto oder Zubringerbus bequem erreichbare Naturwunder wirklich genießen will, braucht Muße. Für den Ausflug ist deshalb unbedingt ein ganzer Tag einzuplanen. Zumal man sich wenigstens einen kurzen Ausflug mit dem Geländewagen, auf einem Kamelrücken oder besser noch per pedes in die Seitentäler nicht entgehen lassen sollte.

Noch zweimal Aqaba: Mit dem Glasboot zu den Korallenriffen

Bunt und exotisch: im Aquarium

Nicht nur vom Boden aus eindrucksvoll: das Wadi Rum

„Es waren keine geschlossenen Felswände, sondern gewaltige Blöcke, die gleich riesigen Bauwerken zu beiden Seiten der Straße standen. Tiefe, fünfzig Fuß breite Querschlünde trennten diese einzelnen Massive, in deren Wände die Verwitterung gewaltige, von feinen Rissen und Furchen wie mit Ornamenten bedeckte Buchten und Apsiden geschliffen hatte. Die einzelnen Massive waren gekrönt von hochgewölbten Gipfeln, gleich Gruppen von Domkuppeln, nicht so brennend rot wie das übrige Gestein; sondern nur leicht getönt und mehr ins Graue spielend. Damit vollendete sich der Eindruck einer byzantinischen Architektur um diesen unvergleichlichen Ort, der gewaltiger war, als ihn Phantasie sich vorzustellen vermochte …"

Das Wadi Rum aus der Adlerperspektive

Ein unvergeßliches, wenn auch nicht ganz billiges Wüstenerlebnis wird seit kurzem angeboten: In den frühen Morgenstunden oder am späteren Nachmittag starten in Wadi Rum regelmäßig Heißluftballone zu einer knapp einstündigen Fahrt über die grandiose Gebirgsszenerie (ℹ s. S. 26).

5
Seite 73

Unter den vielen Wadis, diesen das Jahr über meist trockenen Flußtälern, die das Gebiet östlich von Aqaba durchziehen, ist das Wadi Rum das unbestritten eindrucksvollste. Und niemand hat seine Reize so poetisch beschrieben wie Lawrence von Arabien in seinem Klassiker „Die sieben Säulen der Weisheit" (1926). Den britischen Archäologen, Sprachforscher, Agenten und Militärberater führten seine Aufträge während des Arabischen Aufstands (1917/18) immer wieder in diese Landschaft, von der er sich magisch angezogen fühlte. Hier auf Lawrences Spuren zu wandeln, ist ähnlich wie der Besuch von Petra für jeden heutigen Jordanien-Reisenden ein Muß.

Etwas über 40 km nordöstlich von Aqaba, rund 10 km südlich von Quweirah weist am Desert Highway ein Schild den Weg Richtung Osten ins Wadi Rum.

Nach 30 km über eine schmale Asphaltstraße erreicht man das kleine gleichnamige Dorf. Es liegt am Fuß des Dschebel Rum, der mit 1754 m höchsten Erhebung nicht nur des gesamten Massivs, sondern auch des Landes, und besteht aus ein paar Zelten und Häusern, einer Schule, dem neuen Rasthaus

Der beste Freund des Beduinen – das Kamel

„Unverzagtes Herz", „Vater der Einsamkeit", „Wunder der Tugend" ... Ungezählt sind die sprachlichen Bilder, mit denen die poetisch veranlagten Beduinen – nicht nur in Jordanien – die Vorzüge des Kamels preisen. Das Arabische kennt über 160 Synonyme für das Tier der Wüste. Das Wort *Dschamal* zum Beispiel steht, verschieden betont, sowohl für das Kamel als auch für Schönheit. Die Wurzeln dieser glühenden Verehrung reichen tief in die Vergangenheit. Bereits kurz nachdem die ersten Kamele gezähmt worden waren – also vermutlich vor über 4000 Jahren – standen sie im Mittelpunkt bedeutsamer Zeremonien. Und unter wohlhabenden Gastgebern gehörte es schon damals (wie auch heute noch) zum guten Ton, Ankömmlinge mit einem rituell geschlachteten Kamel willkommenzuheißen.

Die Wertschätzung kommt nicht von ungefähr. Schließlich verdanken die Wüstenbewohner diesem „größten Geschenk Allahs" sehr viel: sein mit zunehmendem Alter leider ziemlich zähes Fleisch, seine fettarme, dafür an Mineralien und Vitaminen umso reichere Milch, die höchst wirksam gegen Augenkrankheiten vorzubeugen hilft; die Haut – Rohmaterial für Gürtel, Taschen und Sandalen – und die Haare, aus denen sich Zelte und wärmende Decken machen lassen. Sogar die Exkremente sind noch nutzbar – der trockene Dung als Brennstoff, der Urin als keimfreier Wundreiniger. Zudem sind Kamele auch Kapital. Mit ihnen bezahlt man Bräute und sühnt Verbrechen. Außerdem haben sie schon manchen Wüstensohn vor dem Verdursten gerettet, indem sie mit ihrem sechsten Sinn im letztmöglichen Moment eine Quelle fanden.

Das im Nahen Osten beheimatete einhöckrige, erdfarbene Dromedar, das ursprünglich aus Nordafrika und Arabien stammt und vereinfachend im allgemeinen Sprachgebrauch „Kamel" genannt wird, verfügt über beeindruckende „technische Daten": Dauergeschwindigkeit sogar beladen vier bis fünf, Spitze: weit über 20 km/h. Reichweite: Durchschnittlich 150 km pro Tag. Nutzlast maximal: 200 kg. Verschleiß: minimal. Tankvolumen: bis zu 135 l Wasser. Zugleich extrem geringer Verbrauch: Selbst bei größter Hitze ist nur alle zwei Wochen ein Halt zum Trinken wirklich nötig. Zwischendurch tut's zum problemlosen Betrieb auch ein bißchen Gras oder Stroh oder eine Handvoll Ästchen. Die Haltbarkeit

Seite 73

und einem Fort. Letzteres wurde in den frühen dreißiger Jahren von Glubb Pascha, dem britischen Oberbefehlshaber für Transjordanien, als Hauptquartier für das Desert Camel Corps erbaut. Die Männer dieser legendären Beduinenpolizei durchkämmen von hier aus noch heute die Gegend – wenn auch nur noch nach verschollenen Touristen und Rauschgiftschmugglern aus Saudi-Arabien. Auch wenn sie ihre Kamele mittlerweile zum Teil gegen vierradgetriebene Jeeps eingetauscht haben, entsprechen sie mit ihren stolzen, hageren Gesichtern, den bodenlangen Khakiuniformen, rotweißkarier-

Hier residiert die Beduinenpolizei des Wadi Rum

Rote Granitfelsen und Sandsteinberge prägen die Wüste

beträgt um die dreißig Jahre. Einziges nennenswertes Handicap: die niedrige Reproduktionsrate. Kamelstuten gebären höchstens zehnmal in ihrem Leben, und der Nachwuchs kommt erst nach über drei Jahren in die Pubertät.

Genial sind aber auch etliche „Konstruktionsdetails": die Nasengänge etwa – sie sind so verwinkelt, daß die Luft beim Einatmen drastisch abkühlt, beim Ausatmen hingegen entfeuchtet wird, um wertvolles Wasser zu sparen. In Dürreperioden können Kamele, um Transpiration und damit den Flüssigkeitsverlust zu verringern, ihre Körpertemperatur auf 46 °C steigern. Gegen das grelle Sonnenlicht sind den Vierbeinern überlange Wimpern, und gegen die glühende Hitze des Sandes breite, dickschwielige Sohlen gewachsen. Beim Trinken lagert sich das Wasser nicht im Magen, sondern in den Gewebezellen und im Blutkreislauf ab, weshalb die Tiere binnen Minuten über einen Hektoliter zu schlabbern vermögen. Zehrt das Kamel dann von seinem Wasservorrat, kann es buchstäblich schrumpfen und dabei, ohne langfristigen Schaden zu nehmen, bis zu einem Viertel seines Körpergewichts verlieren.

Seite 73

ten Kopftüchern, silbernen Dolchen, ledernen Patronengurten und altmodischen Gewehren dem klassischen Bild der furchtlosen, felsenfest in ihren Traditionen verankerten Wüstensöhne. Folgt man der Einladung an ihr Lagerfeuer zu einem mit Kardamom gewürzten Kaffee oder einer Schale klebrig süßen Tees, bekommt man einen Geschmack davon, was arabische Erzählkunst wirklich bedeutet.

Vor zehn Jahren noch schlief das Örtchen Rum den seligen Schlaf eines von der Welt vergessenen Beduinennests. Heute ist der Parkplatz vor dem Rasthaus häufig mit Reisebussen vollgeparkt.

5

Seite 73

Zum Glück genügt ein kurzer Fußmarsch in eines der zahlreichen Seitentäler, um sich dem Rummel zu entziehen. Dort läßt sich gut über die Geburt dieser einmaligen Landschaft meditieren. Sie entstand vor etwa 30 Mio. Jahren im Zuge derselben tektonischen Katastrophe, die auch den Großen Ostafrikanischen Grabenbruch, der von Syrien über das nahe Tote und Rote Meer bis nach Kenia verläuft, hervorgebracht hat. Ihre heutigen bizarren Formen verdanken die rötlichen Sandsteingipfel und der darunterliegende dunkle Granit der in diesem harschen Klima extremen Erosion.

Will man tiefer in die Geheimnisse des Wadi Rum vordringen, kann man im Tourismusbüro nahe dem Rasthaus auch für den ganzen Tag ein Kamel oder einen Pick-up-Wagen samt Führer mieten. Vorsicht ist jedoch geboten: Ortsunkundige unterschätzen leicht die Gefahr der Erschöpfung und inneren Austrocknung, die in der Wüste droht. Nehmen Sie lieber zuviel als zu wenig Wasservorrat mit!

Noch unvergeßlicher ist freilich eine Nacht unter dem Sternenzelt. Sowohl in Amman als auch in Aqaba haben sich etliche Firmen auf die Organisation mehrtägiger Wüstentouren spezialisiert. Auskünfte erteilen die großen Hotels.

Spätestens in der Morgen- oder Abendstille entdeckt man dann, daß das Wadi Rum nicht nur eine Kulisse für Touristen und Regisseure darstellt (David Lean drehte hier 1962 mit Peter O'Toole den Monumentalschinken „Lawrence von Arabien"), sondern auch der Lebensraum für vielerlei Tiere ist. Mit etwas Glück kreuzt man den Weg eines Steinbocks, Fuchses oder Felskaninchens, begegnet seltenen Arten von Finken, Drosseln, Spatzen oder sieht über sich einen Geier kreisen. Nicht grundlos hat die „Königliche Gesellschaft für Naturschutz" Ende der achtziger Jahre einen 510 km² großen Teil des Tales zum Wildtierreservat erklärt.

Die auf den ersten Blick reichlich unwirtliche Gegend war eines der allerersten Siedlungsgebiete im jordanischen Raum. Funde belegen, daß hier bereits im 9. Jt. v. Chr. Feldbau und Tierzucht betrieben wurden. Die Inschriften und Zeichnungen an den Wänden datieren allerdings erst aus den Jahrhunderten kurz vor und nach der Zeitenwende. Sie wurden von Händlern aus Ma'in im heutigen Jemen und aus dem Hedschas in den weichen Fels geritzt sowie von Nabatäern, die das Tal als heiligen Ort verehrten. Heute leben noch etwa tausend Beduinen im Wadi Rum.

Für Abenteuerlustige: Als Alternative zur normalen Asphaltstraße bietet sich für den Rückweg nach Aqaba die kürzere Piste durch das Wadi Yutm el-Umran an. Voraussetzung: ein geländegängiges Fahrzeug und ein Führer.

ⓘ Samir Farouqa, Director of Wadi Rum District, P.O. Box 540365, Amman, ☏ 83 15 81, FAX 64 84 65.

🚌 Zweimal täglich fahren Busse von Aqaba nach Wadi Rum, einmal täglich von Wadi Rum nach Petra.

Ⓡ **Wadi Rum Resthouse.** Das Haus bietet gute, aber überteuerte Küche in spektakulärer Umgebung. ($)

⚠ In Wadi Rum gibt es keine Hotelzimmer, man kann aber im Resthouse Zelte mieten. Preis pro Person 2 JD.

Route 6

Die Westbank

Über den Jordan und nach *** Jerusalem

Diese etwa 110 km lange Tour führt von Amman in jenes auch Westbank genannte Gebiet jenseits des Jordanflusses, das 1948 im Zuge der Aufteilung der Region den Palästinensern zugedacht war, im selben Jahr in Folge des arabisch-israelischen Kriegs von Jordanien und nach dem Sechstagekrieg (1967) von Israel besetzt wurde, und in jüngster Zeit im Rahmen des nahöstlichen Friedensprozesses Schritt für Schritt wieder den Palästinensern überantwortet wird. Wer der Route folgt, lernt unter anderem die heiligen Städte von Bethlehem, Hebron und Jericho sowie, als krönenden Abschluß, das vielgepriesene und -umstrittene Jerusalem kennen.

Die Anfahrt erfolgt auf dem bereits bekannten Weg (s. S. 46) über *Na'ur* und die Steilhänge des Hochlandes hinab, an dem Markstein „Sea Level" vorbei in das Schotterlabyrinth des Jordantals.

Den Fluß und die Grenze überquert man über die **Allenby-Brücke** (◷ So bis Do 8–14, Fr 8–11 Uhr, Sa geschl., ℹ ☎ 92 24 71). Die **King Hussein Bridge,** wie die Jordanier den nach dem britischen General benannten Übergang bezeichnen, galt lange Zeit als trauriges Symbol für die Feindseligkeit zwischen den benachbarten Ländern und die Unüberwindlichkeit ihrer gemeinsamen Grenze. Zwar durften Palästinenser und Jordanier mit einer speziellen Genehmigung für kurze Zeit ihre Verwandten östlich des Jordan besuchen – eine Möglichkeit, von der an manchen Tagen bis zu 10 000 Men-

LebhaftesTreiben an der Lawrence-Quelle des Wadi Rum

Minäer und Nabatäer hinterließen in dieser Wüste Spuren

Jericho: Yassir Arafat grüßt von der Wand dieses Shops

6

Seite 49

schen Gebrauch machten. Doch das lange Warten, die Durchsuchungen und Verhöre durch die israelischen Grenzbehörden waren stets ein erniedrigendes Ritual. Und in die Gegenrichtung erwies sich die Grenze für Israelis überhaupt als hermetisch gesperrt.

Seit der „Washingtoner Erklärung" hat sich die Situation radikal gewandelt. Individualtouristen haben zwar immer noch einen Amtsschimmel zu zähmen – sprich: im voraus eine Genehmigung bei der jordanischen Vertretung im Ausland oder beim Innenministerium in Amman beantragen und darauf zu achten, daß der Paß noch mindestens neun Monate gültig ist. Doch Touristengruppen setzen ohne größere Verzögerungen von einem Ufer zum anderen über. Auch für arabische Besucher gestaltet sich die Einreise deutlich problemloser. Und die Israelis kommen in Scharen, um die Landschaften, Kunstschätze und Freundlichkeit des nahen, aber bislang unbekannten Nachbarn kennenzulernen.

Erste Station im Westjordanland ist das legendäre

6

Seite 49

**** Jericho.** Diese rund 270 m unter dem Meeresspiegel und damit tiefstgelegene Siedlung der Welt ist nicht nur eine der fruchtbarsten Oasen des ganzen Vorderen Orients, sondern vermutlich auch die älteste ständig bewohnte Stadt überhaupt. Auf dem etwa 2 km außerhalb des heutigen Stadtgebiets gelegenen Hügel *Tell es-Sultan* gruben Archäologen einen 10 m tiefen Schacht, in dem sie elf übereinander liegende Bebauungsperioden feststellten (Ⓞ Besichtigung tgl. 7–18 Uhr).

Zu unterst entdeckten sie die Reste einer Anlage aus dem 8. Jt. v. Chr., also aus der Jungsteinzeit. Sie wurde von den sogenannten Natuf-Leuten bewohnt und verfügte bereits über eine Befestigungsmauer und aus Trockenziegeln gebaute Rundhäuser. Ein runder Wehrturm ist noch deutlich erkennbar. In einer darüber gelegenen, um tausend Jahre jüngeren Schicht förderte man neben Kultfiguren von Mensch und Tier zehn mit einer Gipsmasse überzogene Ahnenschädel zutage, die vermutlich Kultzwecken dienten. Sie sind heute im Jerusalemer Rockefeller-Museum zu besichtigen.

Schon um 3000 v. Chr. war Jericho ein Handelszentrum der Kanaaniter. Um etwa 1300 v. Chr. ließ Josua, so erzählt das nach ihm benannte Buch des Alten Testaments, die israelitischen Priester sieben Tage lang mit der Bundeslade die Stadt umwandern und sie danach

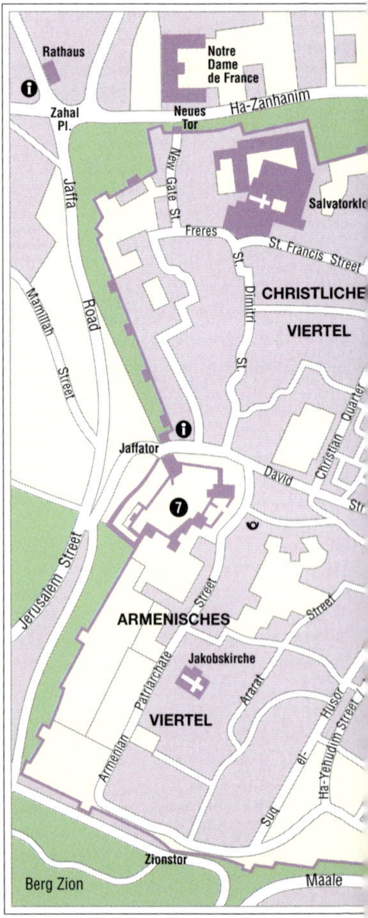

in ihre Posaunen blasen, worauf die Mauern einstürzten. Erneute Bedeutung erlangte Jericho in römischer Zeit: Mark Anton schenkte die Stadt seiner Kleopatra. Später vermachte Kaiser Oktavian sie Herodes dem Großen, der sich hier einen gewaltigen Winterpalast bauen ließ.

Zum bislang letzten Mal ins Rampenlicht geriet die gegenwärtig von nicht mehr als 10 000 Menschen bewohnte Stadt im Herbst 1993 durch das zwischen Palästinensern und Israe-

❶ Damaskustor
❷ Felsendom
❸ El-Aqsa-Moschee
❹ Klagemauer
❺ Erlöserkirche
❻ Grabeskirche
❼ Zitadelle
❽ Stephanstor

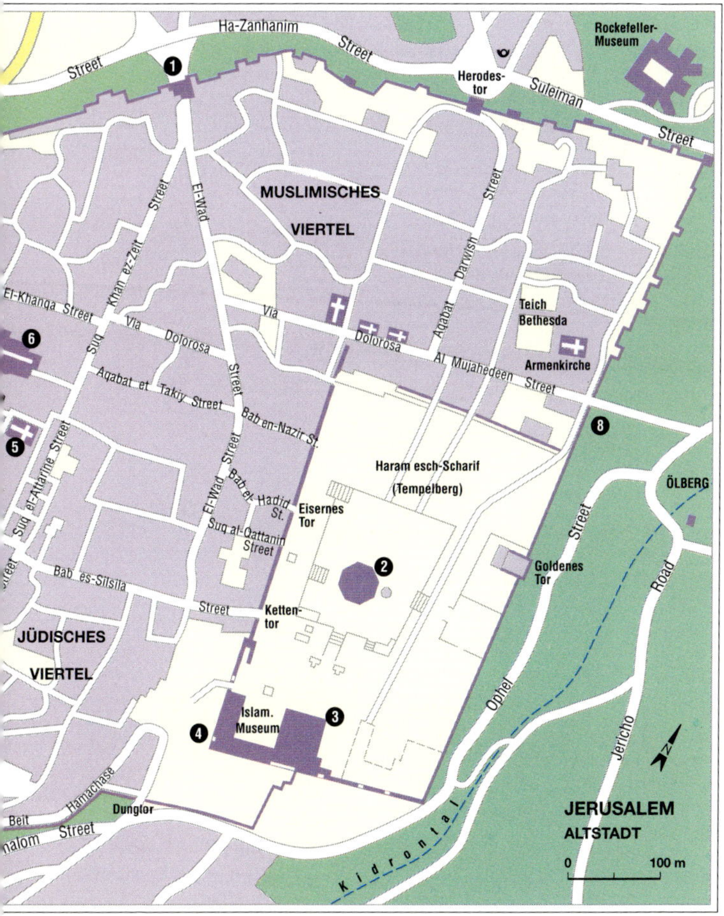

6
Seite 49

lis geschlossene *Gaza-Jericho-Abkommen.* Darin wurde den Bewohnern der Stadt und ihrer Umgebung ein wenn auch begrenzter Autonomiestatus und eine Verwaltungshoheit zugestanden.

Am Fuß des Tell es-Sultan entspringt die *Quelle des Elischa,* deren ungewöhnlich großes Volumen erst die üppige, subtropische Vegetation der Oase ermöglicht. Ein Stück westlich von Alt-Jericho erhebt sich der **Berg der Versuchung.** Auf ihm – genauer in einer Grotte – soll Jesus vierzig Tage lang meditiert und gefastet, und daraufhin dem Teufel widerstanden haben. Auf dem Gipfel des „Quruntul", so die arabische Verballhornung des Kreuzfahrernamens Mons Quaranta („Berg der Vierzig"), wurde wahrscheinlich Simon Makkabäus 135 v. Chr. ermordet. Auf halber Höhe steht das Ende des 19. Jhs. erbaute griechisch-orthodoxe **Kloster Sarandarion** (◷ tgl. 7–14 und 15 bis ca. 18, im Winter nur bis 16 Uhr).

Rund 4 km nördlich der Stadt befindet sich die Ruine des **Palastes des Hisham** (arab.: *Khirbet al-Mafjar).* Er wurde zwischen 724 und 743 n. Chr. im Auftrag des Kalifen Walid Ibn Yazid erbaut, der sich im Winter von seiner Residenzstadt Damaskus hierher zurückzog. Der Palast wurde nach Walids Vater, Kalif Hisham Ibn Abd el-Malik, benannt und schon 747 durch ein Erdbeben fast ganz zerstört.

6

Seite 49

Zu besichtigen sind unter anderem noch die Reste zweier Moscheen, feudaler Wohnräume sowie einer Badeanlage und in der Eingangshalle, dem *Diwan,* ein wunderschönes, an persische Teppiche erinnerndes Mosaik in Form eines Lebensbaums.

Von Jericho lassen sich mehrere Ausflüge zu religionsgeschichtlich bedeutsamen Orten unternehmen: 10 km weiter im Osten liegt Qasr el-Yehud, jene Stelle am Ufer des Jordan, wo, glaubt man der Tradition, Jesus von Johannes getauft worden ist. 8 km südlich der Stadt erhebt sich der Berg Nebi Musa, wo gemäß islamischer Überlieferung Moses gestorben sein soll und heute eine Karawanserei samt Moschee aus dem 13. Jh. steht. Und in derselben Richtung – über die parallel verlaufende Straße zu erreichen – liegen die Ruinen und Höhlen von

* **Qumran.** Um 150 v. Chr. war die jüdische Sekte der Essener aus Jerusalem hierher geflohen und hatte sich eine Heimstatt erbaut, die als erstes Kloster der Welt gilt, 31 v. Chr. einem Erdbeben zum Opfer fiel, aber um die Zeitenwende wiedererrichtet wurde. Weltberühmtheit genießt der Ort, weil ein Hirtenjunge 1947 in mehreren seiner Höhlen die sogenannten *Schriftrollen von Qumran* entdeckte – etliche um 100 v. Chr. verfaßte Schriften, die die ältesten erhaltenen Bilbeltexte in hebräischer Sprache darstellen.

Hinter Jericho windet sich die Hauptstraße über 1100 Höhenmeter durch die weißlichgelben Berge der judäischen Wüste hinauf.

Nach 5 km zweigt rechts ein Sträßchen in das * **Wadi Qelt** ab. An den steilen Felswänden dieses überaus malerischen Wüstentals klebt das griechisch-orthodoxe, vermutlich schon im 5. Jh. entstandene **St.-Georgs-Kloster** (◷ tgl. im Sommer 6–17, im Winter 8–15 Uhr).

Kurz hinter *Aizariya,* dem biblischen *Bethanien,* wo Jesus Lazarus wiedererweckte, sieht man an sonnigen Nachmittagen die Heilige Stadt in goldenes Licht getaucht vor sich liegen. Hoch über dem Kidrontal glänzen einem auf dem Tempelberg Felsendom und El-Aqsa-Moschee entgegen. Rund herum breitet sich das von einer Stadtmauer umkränzte Gassen- und Häusergeflecht der Altstadt aus. Rechts davon erhebt sich der Ölberg. Dafür, daß selbst hier die optische Harmonie leider keine vollkommene ist, haben mehrere Beherbergungsmultis mit ihren gesichtslosen Hotelklötzen gesorgt.

*** **Jerusalem, Al-Quds** (die „Heilige"), **Yerushalayim** (der „Ort des Friedens")…

Gleich drei monotheistische Religionen haben den Ruhm und das Schicksal dieser Stadt, die 1996 ihr 3000jähriges Bestehen feiert, geprägt. Für die Juden ist sie das geistig-religiöse Zentrum, seit König David Jerusalem vor knapp 3000 Jahren nach dem Sieg über die Jebusiter zu seiner Hauptstadt machte und dessen Sohn Salomo hier, auf dem *Berg Moria,* den Ersten Tempel erbaute. Für die Christen ist sie es, weil Jesus von Nazareth hier mit seinen Jüngern wirkte, das Letzte Abendmahl feierte, gekreuzigt wurde und schließlich auferstand. Und für Muslime ist Al-Quds der nach Mekka und Medina drittheiligste Ort der Welt, weil Mohammed, wie in der 17. Sure des Koran geschrieben steht, im Traum von Mekka auf den Berg Moria in Jerusalem versetzt wurde und von jener Stelle, an der heute der Felsendom steht, auf seiner weißen geflügelten Stute Buraq gen Himmel ritt, um gemeinsam mit Abraham, Moses und Jesus zu beten.

Ein Talmudwort sagt: „Zehn Maße Schönheit kamen vom Himmel; neun Maße erhielt Jerusalem, ein Maß der Rest der Welt." Obwohl die Stadt ihre ganze Geschichte hindurch ständiger Streitpunkt war, zwischen 1948 und dem Junikrieg 1967 in einen arabischen Ost- und einen israelischen Westteil gespalten war, danach zwar von Israel besetzt, also vereint wurde, aber gerade deshalb nach wie vor heftig umstritten ist, kann sich kein Neuankömmling ihrem Reiz entziehen.

Jerusalem besitzt allein in seinen **Außenbezirken** eine enorme Fülle an Sehenswertem. Man denke nur an den Herzlberg, auf dem sich sowohl das Grab Theodor Herzls, des geistigen Begründers des Zionismus, als auch das israelische Parlament, die Knesset, befinden; oder an das Israel-Museum mit seinen Sammlungen archäologischer Fundstücke, französischer Impressionisten und Skulpturen sowie den Schriftrollen von Qumran. Oder an die über alle Maßen ergreifende Gedenkstätte Yad Vashem, die an die Vernichtung

Qumran: Klosterruinen der jüdischen Sekte der Essener

Wildromantisch: das St.-Georgs-Kloster im Wadi Qelt

Jerusalem: vor der Klagemauer

6

Seite 85

von sechs Millionen Juden während der nationalsozialistischen Herrschaft erinnert. Dieser Führer beschränkt sich aus Platzgründen und, weil sich in Jerusalem auf einer Fläche von bloß 1 km² die herausragenden Sehenswürdigkeiten in einmaliger Dichte häufen, auf die Beschreibung der **Altstadt.** Sie ist in vier traditionelle Viertel gegliedert: das der Christen im Nordwesten, das der Armenier im Südwesten, das weiter östlich gelegene der Juden und im Norden das der Muslime. Die Araber bilden, da sie auch außerhalb ihres angestammten Bezirks im ganzen Zentrum verstreut leben, die größte Bevölkerungsgruppe.

Als Ausgangspunkt für einen Rundgang empfiehlt sich aufgrund seiner zentralen Lage das *Damaskustor* ❶. Es ist das schönste der insgesamt sieben Tore und führt durch die 4 km lange, im 16. Jh. von Sultan Suleiman dem Prächtigen erbaute Stadtmauer direkt in den an Vormittagen voll Leben pulsierenden Basar des muslimischen Viertels.

Über seine Hauptachse, die *El-Wad Street,* gelangt man in wenigen Minuten zur *Al-Mujahedeen Street,* der **Via Dolorosa,** auf die man später zurückkehren wird. Zunächst führt der Weg weiter zum nahen *** **Tempelberg** (arab.: *Haram esch-Scharif).* Auf ihm erhebt sich das Wahrzeichen Jerusalems, der achteckige, zwischen 687 und 691 vom omaijadischen Kalifen Abd el-Malik erbaute *** **Felsendom** ❷. Von Moslems als eines der drei heiligsten Bauwerke erachtet, weil von jenem Fels, auf dem er steht, Mohammed in den Himmel auffuhr, stellt er in architektonischer Hinsicht eines der Meisterwerke des Islam dar. Die Außenwände des 36 m hohen Heiligtums sind mit Marmor und teils türkisfarbenen, teils blauen Kacheln verkleidet. An ihrer Oberkante hat ein Meister der kalligraphischen Steinmetzkunst den Text der ersten Koransure wiedergegeben. Und die weithin sichtbare Kuppel des Felsendoms hat der jordanische König Hussein zum Zeichen, daß es ihm mit dem Anspruch auf die Schirmherrschaft über das islamische Heiligtum ernst ist, im Frühsommer 1994 mit 24karätigem Gold frisch überziehen lassen. Das imposante Innere des Oktogons wird von zwei Reihen unterschiedlich gestalteter Säulen beherrscht.

Nur wenige Schritte vom Felsendom entfernt, ließ Maliks Sohn, Kalif Abdul Walid, Anfang des 8. Jhs. die berühmte ** **El-Aqsa-Moschee** ❸ errichten. Sie ist mit ihren sieben Schiffen nicht nur das größte islamische Gotteshaus der Stadt, sondern dank der prächtigen Mosaiken und der von Saladin gestifteten Gebetsnische wohl auch das schönste (🕓 Sa–Do 8–11.30 und 12.30–15 Uhr).

An der Südwestseite des Tempelbergs befindet sich die heiligste Stätte des Judentums, die

*** **Klagemauer** ❹. Das 18 m hohe Bauwerk war Teil jener von Herodes dem Großen angelegten Stützmauer für den darüber gelegenen Ersten Tempel. An seinem Fuß beklagten die Juden (daher der Name) die Zerstörung ihres Heiligtums durch Kaiser Titus (70 n. Chr.). Noch heute kommen fromme Juden hierher, um Gott um Gnade zu bitten. Sie wiegen ihre Körper während des Gebets hin und her, und viele stecken Zettelchen in die Ritzen der Quader aus Kalkstein, auf denen sie ihre Bitten und Dankessprüche notiert haben. Einmal im Monat wird der „Briefkasten Gottes", wie die Klagemauer im Volksmund auch heißt, vom Oberrabbinat „entleert" und dessen Inhalt auf dem Ölberg diskret „entsorgt". Vom großen Vorplatz führt der Weg nun über die *Bab es-Silsila Street* und den Parfummarkt, den *Suq el-Attarin,* zur * **Erlöserkirche** ❺ (empfehlenswert: der Panoramablick vom Kirchturm auf die Altstadt, 🕓 Sa–Do 9–13 und 14 bis 17, Fr 9–13 Uhr), und weiter zur

*** **Grabeskirche** ❻. Sie wurde ursprünglich zwischen 326 und 335 von

6

Seite 85

Kaiser Konstantin über jenen nahe beieinander liegenden Stätten errichtet, an denen Jesus gekreuzigt, zu Grabe gelegt worden und auferstanden sein soll. Mehrere Zerstörungen durch Eroberer und Brände, aber auch das ständige Wetteifern zwischen östlichen und westlichen Kirchen um die Anteile an dem Bau haben zu einer unübersichtlichen Mischung aus Kapellen und Säulen, Statuen und Bildern geführt. Heute ist der gesamte Innenraum gemäß einer Vereinbarung aus dem Jahr 1852 minuziös zwischen sechs Konfessionen – der römisch-katholischen, armenisch-orthodoxen, äthiopisch-koptischen, griechisch-orthodoxen und syrisch-orthodoxen Kirche – aufgeteilt. Alle gemeinsam verwalten sie die Grabeskapelle, in deren Mitte sich in einem winzigen Raum, unter einer Grabplatte die letzte Ruhestätte Jesu befindet. Den Zugang zu dem Allerheiligsten überwacht, auch dies ist exakt geregelt, abwechselnd ein Angehöriger einer der sechs Konfessionen.

Wer will, unternimmt von der Grabeskirche noch einen Abstecher zur **Zitadelle** ❼ nahe dem *Jaffator* und besucht das darin befindliche *Städtische Museum* (🕓 So–Fr 10–17, Sa 10–14 Uhr). Der eigentliche Weg führt zurück auf die **Via Dolorosa** und auf ihr, entgegen der Richtung, die jeden Freitagnachmittag die Prozession der Franziskaner in Nachfolge des Leidenswegs Christi nehmen, ostwärts bis zum *Stephanstor* ❽. Hier beginnt der Aufstieg auf den Gipfel des **Ölbergs** vorbei am **Mariengrab,** dem **Garten Gethsemane** und der *Maria-Magdalena-Kirche* mit ihren sieben vergoldeten Zwiebelkuppeln.

Wer mehrere Tage in Jerusalem weilt, sollte nicht versäumen, den geschichtsträchtigen Orten in der Umgebung einen Besuch abzustatten. Im folgenden werden zwei Ausflüge beschrieben, die beide je nach Besichtigungstempo problemlos in einem halben bis ganzen Tag zu bewältigen sind. Der eine führt durch die kahle Landschaft 10 km weit in südlicher Richtung nach

Ein beeindruckender Anblick: der Felsendom

Blick vom Felsendom auf den Tempelberg

Noch Jerusalem: Kringelverkäufer vor dem Zionstor

6

Seite 85

Bethlehem. In diesem 25 000-Seelen-Städtchen, dessen Name übersetzt soviel wie „Haus des Brotes“ bedeutet, wurde bekanntlich Jesus Christus geboren. So kommen zahlreiche Pilger nicht nur um die Weihnachtszeit nach Bethlehem. Ihr Hauptinteresse gilt der am Südostrand des Ortes auf dem Krippenplatz (engl.: „Manger Square“) gelegenen **Geburtskirche** (🕓 tgl. 8 bis 18 Uhr). Sie ist von drei Klöstern (je einem katholischen, armenischen und griechisch-orthodoxen) umbaut und wirkt deshalb ein wenig wie eine Festung. Betreten kann man den ursprünglich 325 von Konstantin dem Großen errichteten, später mehrmals durch Erdbeben und Brände zerstörten, rekonstruierten und umgestalteten Bau lediglich durch eine winzige Türöffnung. Das eindrucksvolle Innere wird durch vier Reihen von jeweils elf roten, mit weißen, korinthischen Marmorkapitellen bekrönten Kalksteinsäulen bestimmt. Über zwei Treppen gelangt man in die *Geburtsgrotte* hinab – ein niedriges teilweise mit Marmor verkleidetes Gewölbe, an dessen östlichem Ende man den Geburtsplatz vermutet. Er wird durch einen Altar und einen in den Boden eingelassenen silbernen Stern markiert mit der Aufschrift: *Hic de Virgine Maria Jesus Christus natus est – 1717* („Hier wurde Jesus Christus von der Jungfrau Maria geboren“).

6

Seite 49

Außerdem sehenswert sind die angrenzende, 1881 von Franziskanern erbaute *Katharinenkirche* mit ihrem stimmungsvollen Kreuzgang aus der Kreuzritterzeit, sowie die 400 m südöstlich der Geburtskirche befindliche *Milchgrotte,* in der sich Maria mit ihrem Kind vor der Flucht nach Ägypten verborgen haben soll.

ℹ Manger Square, ☎ 74 15 81.
Ⓗ **Handal Hotel Bethlehem,** Nasser Street, P.O. Box 12, ☎ und 📠 74 48 88. Ein wohlausgestattetes, zentral gelegenes Haus. Ⓢ
Ⓡ **Al-Amir-Restaurant,** Nativity Square, ☎ 72 47 83. Kulinarisches aus Orient und Okzident. Ⓢ

Von Bethlehem fährt man zurück auf die Hauptstraße, und auf ihr, an den drei *Salomonischen Teichen,* aus denen noch bis vor kurzem Jerusalem mit Wasser versorgt wurde, vorbei nach

***Hebron.** Wichtigste Sehenswürdigkeit dieser im 18. Jh. v. Chr. gegründeten Stadt, ist der von Muslimen und Juden gleichermaßen verehrte **Haram el-Khalil,** die Grabstätte des Patriarchen Abraham, der seinerzeit hier die Höhle Machpela kaufte, um darin seine Frau Sara zu begraben. Seine gigantischen Umfassungsmauern erhielt der 59 m lange und 34 m breite Bau unter Herodes dem Großen, seine Innenausstattung teilweise durch die Byzantiner, aber auch später durch Kreuzritter und Araber. Die Kenotaphe im Vorhof und in der Moschee liegen genau über den Stellen, wo nach alter Überlieferung neben den sterblichen Überresten Abrahams auch die der Patriarchen Isaak und Jakob sowie deren Frauen Rebekka und Lea begraben wurden (🕓 tgl. außer an Fr und islamischen Fei 7.30–11.30 und 13.30–15 Uhr).

Der zweite Ausflug führt in nördlicher Richtung durch die nicht minder kahle Landschaft an *Ramallah* und dem Universitätszentrum *Bir Zeit* vorbei nach

Nablus (50 000 Einw.). Dieser Hauptort der Region Samaria ist das religiöse Zentrum der Samaritaner, einer gerade 500 Mitglieder umfassenden Glaubensgemeinschaft, die sich nach der Rückkehr aus der Babylonischen Gefangenschaft von den übrigen Juden abspaltete und hier niederließ. In der *Synagoge* im Südwesten der Stadt bekommt man als Fremder – gegen Trinkgeld – eine Thorarolle gezeigt, die, so wird behauptet, 30 Jahre nach der hebräischen Besetzung Palästinas geschrieben wurde, tatsächlich aber wohl aus dem Mittelalter stammt.

Gut 10 km hinter Nablus erreicht man, als letzte Station, **Sebastiya,** das biblische *Samaria.* Hier haben sich auf einem Ruinenfeld Reste diverser Bauperioden erhalten.

Jerusalem (Altstadt), Jaffa-Tor, ☎ 75 49 10. Der kostenlose Führer „The Holy Land Guide" mit nützlichen Anschriften in der Westbank liegt in Banken und Hotels aus.

Mit dem JETT-Bus (Abfahrt 500 m hinter der Abdali Station auf dem Dschebel Hussein) von Amman zur Allenby-Brücke. Nach der israelischen Einreisekontrolle mit einem Sammeltaxi weiter nach Jerusalem oder in andere Orte der Westbank.

Busse von Jerusalem nach Bethlehem, Hebron, Jericho und zum Ölberg halten am Jaffator.

King David, Rehov King David 23, ☎ 25 11 11, FAX 23 23 03. Der Rolls-Royce unter den Jerusalemer Bleiben. Eine ebenso geschichtsträchtige wie luxuriöse viereckige Hotelburg aus hellem Backstein. $$
The American Colony Hotel, Nablus Road, Ecke Louis Vincent Street, ☎ 27 97 77, FAX 27 97 79. Das Hotel in dem ehemaligen Palais eines reichen Osmanen gilt als das schönste und beste ganz Jerusalems. $$
Pilgrims Palace Hotel, Sultan Suleiman Street, P.O. Box 19066, Ostjerusalem, ☎ 27 21 35, FAX 89 46 58. Das modern ausgestattete Hotel liegt direkt gegenüber dem Damaskustor im muslimischen Teil der Stadt. $$
Az-Zahra-Hotel, az-Zahra-Street, ☎ 28 24 47. Das älteste Hotel Ostjerusalems ist in einem schloßähnlichen Gebäude untergebracht und besticht durch seine heimelige Stimmung. $

An-Nasser-Restaurant, 55 Suq Khan az-Zeit, Ostjerusalem, ☎ 27 33 66. Reiche Auswahl an arabischen Spezialitäten der Region wird geboten. $
El-Marakesh, 4 King David Street, ☎ 25 75 77. Jüdische Emigranten aus Marokko bieten die Spezialitäten ihrer ehemaligen Heimat an. $
Masswadeh Restaurant King's Hall, 8 al-Masudi Street, ☎ 28 40 48. Gute Küche in entspannter Atmosphäre. $

Bethlehem: Wie eine Festung wirkt die Geburtskirche

In der Geburtsgrotte markiert ein silberner Stern den Geburtsplatz Christi

Auch das ist Bethlehem

6
Seite 49

Praktische Hinweise von A–Z

Devisenbestimmungen

Für Devisen gibt es keinerlei Ein- oder Ausfuhrbeschränkungen. Die Einfuhr von Jordanischen Dinaren (JD) ist verboten. Fremdwährungen und Travellerschecks können problemlos in Banken, Hotels und bei Wechselstuben in Amman und Aqaba umgetauscht werden.

Diplomatische Vertretungen

Deutsche Botschaft: Dschebel Amman, 31 Bengasi Street, P.O. Box 183, Amman, ☏ 68 93 51 oder 68 93 92, 📠 68 58 87.
Österreichische Botschaft: Dschebel Amman, al-Aqsa-Street, P.O. Box 8153 68, Amman, ☏ 64 46 35, 📠 61 27 25. (*Österreichisches Honorarkonsulat* in Jerusalem: Hovevei Zion Street 8, ☏ 63 12 91).
Schweizer Botschaft: Dschebel Amman, 19, Embassystreet, Amman, P.O. Box 5341, ☏ 68 64 16, 📠 66 91 79.

Einkaufen

Keramik: Die traditionelle Herstellung von Töpfen und Kacheln wurde in den letzten Jahren gefördert (in Amman: Sisal Pottery, ☏ 68 01 28). *Glas:* Die Hebron Glass Factory südwestlich von Amman ist ein Zentrum der traditionellen Glasproduktion. *Teppiche:* Knüpfware gehört zur Grundausstattung jordanischer Häuser. Beduinenkelims sind u. a. in Amman im Bani Hamida House erhältlich, ☏ 65 86 96. *Stickerei:* Bei Olive Tree in Amman (vis-à-vis des Französischen Kulturinstitutes, Dschebel al-Weibdeh) kann das Stickmuster ausgewählt werden.

Beliebte Mitbringsel sind außerdem Kaffeeservice aus Kupfer oder Messing, Einlegearbeiten aus Holz und Perlmutt sowie Flaschen, die mit buntem Sand gefüllt verschiedene Motive zeigen.

In Amman: Jordan Craft Centre, 2nd Circle, ☏ 64 45 55 – hochwertige Stükke zu höheren Preisen. 🕓 Sa–Do 9–13 und 16–19 Uhr. Jordan River Designs, Nähe Alia-Schule am Weibdeh-Park – v. a. Frauen ärmerer Schichten verdienen sich hier durch den Verkauf von Handwerk ein Zubrot. 🕓 Do 8–18 und Sa 10 bis 18 Uhr. Khan Zaman, ☏ 73 64 49. In der restaurierten Karawanserei (ca. 20 km in Richtung Flughafen) kann die Herstellung von Glas, Teppichen und Schmuck live miterlebt werden.

Einreise

Deutsche, Österreicher und Schweizer benötigen ein Visum. Es wird zwar bei der Einreise direkt am Queen Alia Airport ausgestellt, doch empfiehlt es sich, um lange Wartezeiten bei der Einreise zu vermeiden, das Visum bereits in Europa zu besorgen. Der Reisepaß muß noch mindestens sechs Monate nach dem Einreisedatum gültig sein, bei der Einreise auf die Westbank noch mindestens neun Monate. Der israelische Sichtvermerk und der jordanische Ausreisestempel sollten auf ein separates Beiblatt gestempelt werden.

Feiertage

Die religiösen Feiertage richten sich nach dem islamischen Mondkalender und verschieben sich gegenüber dem gregorianischen Sonnenkalender jedes Jahr um mehrere Tage.

Am 1. Tag des 1. Monats wird das islamische Neujahr gefeiert: 1996: 19. Mai, 1997: 9. Mai, 1998: 8. April. Mohammeds Geburtstag (Mouloud) fällt auf den 12. Tag des 3. Monats: 1996: 28. Juli, 1997: 18. Juli, 1998: 7. Juli. Die Fastenzeit (Ramadan) fällt in den 9. und 10. Monat, Beginn 1996: 22. Jan., 1997: 10. Jan., 1998: 31. Dez. Am 10.

Tag des 10. Monats: Aid el-Fitr, Ende der Fastenzeit - 1996: 21. Febr., 1997: 9. Febr., 1998: 30. Jan. Am 10. Tag des 12. Monats: Opferfest, Aid al-Kebir - 1996: 29. April, 1997: 18. April, 1998: 9. April.

(National-)Feiertage: 1. Jan. Neujahr (christlich); 1. Mai Tag der Arbeit; 15. März Tag der arabischen Befreiung; 25. Mai Unabhängigkeitstag; 10. Juni Tag der Armee, arabischer Befreiungskampf; 11. Aug. Inthronisation König Husseins. 14. Nov. Geburtstag König Husseins. 25. Dez. Weihnachten (christl.).

Fotografieren

Das Ablichten militärischer Objekte und von Polizisten ist streng verboten. Wollen Sie Menschen aufnehmen, bitten Sie vorher unbedingt um deren Einverständnis. Film- und Fotomaterial möglichst von zu Hause mitbringen.

Frauen allein unterwegs

In Jordanien allein zu reisen, ist für Frauen nicht so unangenehm wie etwa in Tunesien oder Marokko. Allerdings ist auch hier zu empfehlen, sich moderat zu kleiden. Keinesfalls allein per Autostopp unterwegs sein!

Geld und Währung

Offizielle Landeswährung ist der Jordanische Dinar (JD), als inoffizielle Währung fungiert der US-Dollar. Der Jordanische Dinar wird in 1000 Fils oder 100 Piaster unterteilt. An Banknoten zirkulieren solche zu 500 Fils, 1, 5, 10 und 20 Dinar und Münzen zu 5, 10, 20, 25, 50, 100 und 250 Fils. 1 JD entspricht ca. 2,08 DM (Stand: Dezember 1995). Gängige Kreditkarten sind Visa und American-Express. In Hotels und Banken werden auch Eurocards/Mastercards akzeptiert.

Gesundheit

Es wird kein besonderer Impfnachweis verlangt. Dennoch ist es ratsam, sich gegen Cholera, Typhus/Paratyphus, Tetanus und Polio impfen zu lassen. Die Reiseapotheke sollte zudem Medikamente gegen Magen-, Darm- und Durchfallerkrankungen, Entkeimungstabletten für Trinkwasser sowie Nasen- und Augentropfen (Erkältung, Staub) enthalten. Generell sollte man darauf achten, viel zu trinken (Tee, Mineralwasser. Kein offenes Wasser!)

Deutschsprachige Ärzte: in *Amman* – Dr. Sami Khourma (Internist) ☎ 64 22 29; Dr. Qasem Zaqqa (Internist), ☎ 63 81 38; Dr. Abu Salem (Zahnarzt), ☎ 65 59 24; Dr. Nasser Abdel Hadi (Kinderarzt), ☎ 61 97 96; Dr. Qassim Nasser (Augenarzt), ☎ 62 43 41. In *Aqaba* – Dr. Suheil Saman (Internist), ☎ 31 32 33.

Information

Tourismusministerium (Ministry of Tourism and Antiquities), Dschebel Amman, ☎ 64 23 11 oder 12, P.O. Box 224, Amman.

In Deutschland: Royal Jordanian Airlines, Münchener Str. 12, D-60329 Frankfurt/Main, ☎ 0 69/23 92 43 oder 23 92 44.

In Österreich: Royal Jordanian Airlines, Am Stadtpark, Hotel Hilton, A-1030 Wien, ☎ 02 22/7 12 32 42 oder 7 12 32 43.

In der Schweiz: Royal Jordanian Airlines, 6, Rue Adhemar Fabri, CH-1201 Genève, ☎ 0 22/7 32 80 51.

Kleidung

Von Juni bis Oktober genügt leichte Sommerkleidung. Von Oktober bis Juni sind auf dem Hochplateau und in Amman Wollsachen und Regenkleidung angebracht. In Aqaba benötigt man im Winters nur einen leichten Pullover. Festes Schuhwerk und ausreichender Sonnenschutz sind unerläßlich.

Medien

Die „Jordan Times“ (mit Informationen zu Kulturveranstaltungen) und „The

Star" sind englischsprachige Tages- bzw. Wochenzeitungen. Deutschsprachige Zeitungen und Zeitschriften sind in den großen Hotels erhältlich.

Der „Hashemite Jordan Broadcasting Service" und die „Jordan Television Company" senden Beiträge auf arabisch und auf englisch. BBC liegt auf 885 kHz AM und 99 kHz FM.

Netzspannung

220 Volt Wechselspannung, ein Adapter (englische Steckdosen) ist in den meisten Hotels erhältlich.

Notruf

In *Amman* – Polizei, ☏ 1 92.
Ambulanz, ☏ 1 93. Feuerwehr,
☏ 1 93, 1 98, 62 20 90.
In *Ajlun* – Polizei, ☏ 46 20 11.
Feuerwehr, ☏ 1 98. Notruf, ☏ 1 91.
In *Aqaba* – Polizei, ☏ 31 24 11. Feuerwehr, ☏ 1 98. Notruf, ☏ 31 35 03.
In *Irbid* – Polizei, ☏ 24 41 00. Feuerwehr, ☏ 1 93. Notruf, ☏ 24 22 22.
In *Jerash* – Polizei, ☏ 45 11 01.
Feuerwehr, ☏ 1 93.

Öffnungszeiten

Am Donnerstagnachmittag und Freitag, dem islamischen Wochenende, sind alle Behörden und die meisten Geschäfte geschlossen. Christliche Läden schließen am Sonntag.

Banken: Mai bis Okt. 8–12.30 und 15.30–18.30 Uhr, Nov. bis April 8.30–13 und 15.30–18.30 Uhr.

Geschäfte: 8–13 und 15.30–19.30 Uhr, im Winter 8.30–13.30 und 15–18.30 Uhr.

Post: 7.30–19.30 Uhr.

Restaurants: in der Regel 13–15 und ab 20 Uhr.

Museen: 8–16, z.T. bis 17 Uhr. Di geschl.

Postgebühren

Briefe nach Europa sind mit 240-Fils-, Postkarten mit 160-Fils-Briefmarken zu frankieren. Postlagernde Sendungen an: Central Post Office, Amman, Prince Mohammed Street.

Telefon

Stadtgespräche kosten 50 Fils. Im Selbstwählverkehr sind in Jordanien die größeren Städte erreichbar, nach Europa läßt sich mit seltenen Ausnahmen nur von Amman aus direkt durchwählen. Die Telefonvermittlung (☏ 17) kann bis zu 30 Min. dauern und kostet 1650 JD pro Minute (in Hotels 30 % Preisaufschlag). Es gibt nur wenige Telefonzellen und keine Telefonkarten. Vorwahl Deutschland: 00 49, Österreich: 00 43 und Schweiz: 00 41.

Trinkgeld

Taxifahrer, Personal in Hotels und Restaurants erwarten etwa 10 % des Rechnungsbetrags.

Versicherungen

Der Abschluß einer Reisegepäck- und Krankenversicherung ist anzuraten. Achten Sie darauf, daß auch Unfälle, z. B. durch sportliche Aktivitäten, von der Versicherung gedeckt werden.

Zeit

Osteuropäische Zeit, das ist Mitteleuropäische Zeit (MEZ) plus eine Stunde.

Zollbestimmungen

Zollfrei sind persönliche Gegenstände, pro Person je eine Foto- und eine Filmkamera, 200 Zigaretten bzw. 50 Zigarren oder 200 g Tabak, 1 l Wein oder Spiritousen sowie Parfum für den Eigengebrauch.

Videokameras müssen bei der Einreise deklariert werden. Die Einfuhr von Sprechfunkgeräten ist verboten. Bei der illegalen Ausfuhr von Schnecken, Muscheln oder Korallen drohen empfindliche Strafen. Lassen Sie sie wo sie sind und unterstützen Sie den Raubbau an der Natur auch nicht durch Kauf derartiger „Souvenirs".